KB057293

나를 찾는 여행!

액티브 시니어

| 시니어플래너들이 전하는 가슴 뛰는 인생 2막 |

나를 찾는 여행!
액티브 시니어

김대정, 조석제, 김선주, 고희경, 권혁복, 송지영, 윤희숙, 이영숙, 이임경, 임명희, 홍다나

KSPCA 한국시니어플래너지도사협회 엮음

머리말

액티브 시니어를 향한 작은 날갯짓

저출산, 고령화, 장수 시대에 접어든 우리나라는 은퇴 후에도 40~50년을 더 살아야 하는 100대 시대를 맞이하고 있습니다.

한국시니어플래너지도사협회는 이렇게 다가오는 초고령사회 진입을 준비하고 개인의 행복한 삶, 삶의 질을 개선하는 방안으로 '시니어플래너지도사과정'인 자기계발 교육과정을 개설하여 운영하고 있습니다.

강의내용은 인간관계, 건강, 직업(일), 여가를 기본영역으로 하며 그 외에 주거, 자산관리, 계획과 실천, 스피치 등 시니어에게 꼭 필요한 맞춤형 콘텐츠로 이뤄지고 있습니다. 강좌가 개설된 대학 평생(미래)교육원은 이화여대, 연세대(서울, 원주), 동국대, 경기대(서울, 수원), 안양대 등입니다.

지난 6월에는 호주지부(시드니)를 개설하고 7월에 4박 5일에 걸쳐 교민들을 대상으로 협회 소속 교수진과 함께 생애재설계(은퇴설계)

강의를 하기도 하였습니다.

해외지부 개설과 함께 앞으로 협회는 소속 회원들의 복지를 위해 공공기관, 기업체 등 사회공헌 강의에 전력투구할 계획입니다.

이 책은 '시니어플래너지도사과정'에서 분야별 강의를 맡은 11명의 강사진이 액티브 시니어의 보람찬 삶을 위해, 또 자신의 삶을 되돌아보거나 미래를 다짐하며 쓴 글을 모았습니다.

같은 뜻을 품고 있지만 각기 다른 11명의 생각을 한 권의 책으로 묶기는 쉬운 일이 아니었습니다. 하지만 우리의 글을 통해 액티브 시니어 시대를 열고 그 변화에 함께하겠다는 각자의 일치된 다짐이 있어 가능했습니다.

아낌없이 자신의 옥고를 내어주신 필진 여러분과 언제나 든든한 힘이 되는 협회 회원께 감사의 말씀 전합니다.

끝으로 여러모로 부족한 점이 있지만 이 책이 액티브 시니어를 향한 작은 밑거름이 되어, 우리 사회가 시니어가 행복하고 이를 바탕으로 모두가 행복해졌으면 좋겠습니다.

2017년 12월

한국시니어플래너지도사협회 회장 김대정

차례

4장 40대의 목소리를 100대까지, 목소리 안티에이징!

5장 액티브 시니어의 나에게 은퇴란 없다!

6장 그림으로 당신 마음을 읽을 수 있다고요?

7장 다시 사춘기로 시작하는 액티브 시니어, 나를 디자인한다

8장 액티브 시니어의 주거문화

9장 시니어로 다시 태어나다 - 60대에 시작한 New 인생 계획표

10장 시니어의 마음 다스리기

11장 나이 들수록 버려야 행복해지는 것들

1장

인생 뭐 있어!
한번 해보는 거지!

베이비부머, 인생 2막을 설계하라

김대정

한국시니어플래너지도사협회 회장/교수

액티브시니어아카데미 대표

2차 성장을 위한 나의 도전

열정(熱情)은 '포기하지 않는 것'이라고 정의한다.

나는 지금 행복한 사람이다. 왜냐하면 나에게 열정이 있기 때문이다.

퇴사와 동시에 자영업을 시작한 나는 즐겁고 행복한 시절도 있었지만, IMF 구제금융 시기를 맞으면서 큰 시련을 겪었고, 거기에 따라 많은 후유증도 경험했다.

고 정주영(鄭周永) 회장의 〈시련은 있어도 실패는 없다〉 책 제목이 나의 인생 항로가 되기도 하였으며, 어록 중에 "해 보기는 했어"라는 말 또한 나에게 큰 자극을 주었다.

현재 나는 2차 성장을 하고 있다.

대학부설 평생교육원에서 '시니어플래너지도사과정'을 개설하여, 열정이 있고 유능한 수강생들을 모시고, 생애재설계 강의를 하고 있다.

100세가 아닌 100대 시대를 살아가는 우리 사회 구조 속에, 얼마만큼 삶의 질과 행복한 삶을 살아야 하는지가 중요한 화두이며, 그 중에 인간관계, 건강, 일(직업), 여가생활 주거, 자산관리(경제) 등이 장수 시대에 당면한 핵심문제이다.

이제 사회생활을 시작하는 사회초년생은 생애설계가 필요하지만, 50대 이상은 지금껏 살아온 날보다 더 중요한 인생을 살아가야 하기에, 생애재설계가 필요하다.

위 내용을 가지고 영역별로 체크하며, 시니어플래너지도사과정을 진행하고 있다.

갑작스러운 퇴직! 준비된 은퇴!
당했든 맞이했든,
모든 것은 내 책임이기에,
남은 인생 멋지게 살아야 한다.
열정(熱情), 도전(挑戰), 2차 성장(成長)이 있지 않은가?

지금껏 가장 기억에 남는 강의는 한국시니어플래너지도사협회 호주지부를 개설하면서 호주 교민께 생애재설계 강의를 하고 온 것이다.

많은 사연이 있겠지만 해외에서 열심히 살아가는 교민들 한 분 한 분 열심히 강의에 경청하셨던 모습이 떠오른다. 교민들에게 감사의 마음 전합니다.

강의 모습

내가 강사가 된 계기는 우연히 찾아왔다.

어느 날, 도심 한구석에 '문해교사 수강생 모집'이란 현수막 홍보를 보고 등록, 수강한 것이 현재 나의 모습을 만들어주었다.

시니어플래너지도사과정 호주 특강 후

문해 교사는 '일상생활을 영위하는데 필요한 한글의 기초능력이 부족하여 가정이나 사회 및 직업생활에서 불편을 느끼는 자들을 대상으로 문자해득(문해) 능력을 갖출 수 있도록 알려주고 도와주는 일'을 한다.

문해수업 수강생은 주로 60~70대 여성인데, 이분들은 예전 유교사상의 영향을 받고 일제 강점기 등을 거치면서 글을 익히지 못하였기에, 삶의 애환과 한도 많다.

복지관, 주민센터, 경로당, 마을회관 등 다양한 곳에서 수업을 하였지만, 그중 경로당, 마을회관은 주로 밥상을 펴고 자음, 모음을 배우고 한 단어씩 익혀나가는데, 눈을 반짝이며 수업에 열중하는 모습이 너무나 아름답고 존경스러웠다. 우리의 부모님이나 다름없기에….

인생은 도전의 연속이다.

시련을 겪으며 나를 위로한 것이 문해교사 역할이었지만, 수입이 적어 '앞으로 무엇을 해야 할까?' 고민이 컸다. 무언가 새로운 도전이 필요했던 것이다.

누구나 그렇지만 항상 자기 자신을 망각할 때가 있다. 고민 끝에 이 말을 상기하고 내가 지금 잘 하고 있는 전문강사가 되자고 생각을 했다.

강사의 꿈을 정하고 나니 콘텐츠가 문제였다. 콘텐츠를 무엇으로

잡을까? 고민을 거듭하다, 인터넷 세상을 돌아다녔다.

내가 좋아하는 사자성어가 不狂不及(불광불급)이다. '미쳐야 무엇이든 이루어 낼 수 있다'라는 의미이다. 불광불급을 가슴에 새기고 서울, 경기권에서 이루어지는 시니어와 관계되는 무료교육, 기관교육, 기업교육, 새벽 세미나 등에 미친 듯이 강의를 들으러 다녔다.

전문강사가 되기 위해 내가 제일 부족한 스피치교육도 학원에 등록하여 함께 수강하였다. 스피치를 배운 건 강의의 기본으로 강사에게 무엇보다 중요한 발표력을 얻기 위해서였다. 하지만 스피치는 생각만큼 쉽지가 않았다. 발음법, 호흡법, 시선 처리, 강의 스킬 등 배울 것이 한둘이 아니었다. 수업하는 것과 대중 앞에서 강의한다는 것이 그렇게 어렵다는 걸 깨닫는 시간이었다.

하나하나 쉽지가 않았고 많은 시간이 필요했지만 포기하지 않았다. 또 훌륭한 스승이 있어 자연스럽게 나를 강사로 이끌어갔다. 그렇게 어려웠던 강의를 지금은 즐겁게 하고 있다. 물론 지금도 끊임없이 고민하고 공부해야 한다.

로마 철학자 세네카는 "죽을 때까지 사는 법도 배우고, 죽는 법도 배운다"고 말했다.

그의 말이 아니라도 배우고 익히는 것은 삶의 기쁨이다.

비워야 채워진다

"사람을 얻으려면 마음을 비워라."

"채우려면 비워라."

인간관계나 심리학 등에서 많이 회자되는 말이다.

이 말은 강의에서도 유효하다.

나는 훌륭한 강의, 멋진 강의, 듣고 싶은 강의 등 다양한 강의를 자주 듣는다. 메모도, 녹음도 하지만 대부분 돌아와서는 다시 보고, 듣고 할 마음의 여유가 없다. 물론 아주 중요한 사항은 다시 듣긴 하지만….

나는 강의할 때 한 강좌당 도움 되는 문장 한두 개만은 꼭 가져가라고 말하곤 한다. 왜? 좋은 말이 너무 많고, 강의의 모든 내용을 기억하기는 어렵기 때문이다. 또 한두 문장만 기억해도 '구체적 목표 아래 실천'한다면, 모든 걸 다 알려는 것보다 더 효용이 크다고 생각하기 때문이다.

비운다는 건 너무 어렵다.

비워야 하는 게 물질인 경우도 있고, 마음인 경우도 있다.

그나마 물질은 쉽다.

마음을 비운다는 것은 참 어렵다.

기본적인 인간의 욕망이므로….

세상만사, 인간만사 어려운 게 인간관계(人間關係)이다.

인간관계의 5가지 법칙이 있다고 한다.

하나, 노크의 법칙　　둘, 거울의 법칙

셋,　상호성의 법칙　　넷, 로맨스의 법칙

다섯, 짚신의 법칙

– '좋은 글' 중에서 –

인간관계 5가지 법칙을 적용하더라도 비우는 건 여전히 어렵다.

시니어플래너지도사과정을 운영하면서 교수진과 원우로 만나고 헤어지고, 믿었던 사람한테 마음의 상처를 받은 적도 있다. 그럴 때마다 '마음 비우자'고 혼자 다독인다.

나 또한 마음의 상처를 준 사람도 있을 거다. 성인군자(聖人君子)가 아닌 이상… 하지만 실수가 아닌 의도적으로 상처를 주면 상대편은 큰 상처를 받는다.

비우고 포기하면 참 행복한 기억도 있고,

내 영역도 아니고, 내 것도 아니라고 생각하면 기분이 좋아지고,

이상하게도 편한 마음으로 비우면, 채워지게 된다.

친구 관계든, 금전적이든

그래서 세상은 공짜도 없고, 공평하다고 생각이 들기도 한다.

우리 인생사가 모두 비우면 채워지고, 채워지면 비우는 과정이라 생각이 들곤 한다. 물질적이든, 정신적이든 영원한 것도 없다.

주위에 함께하는 친구, 선후배, 동료, 동창생 등 많은 관계를 맺으며 살아가는 우리들은 언제나 갈등과 선택의 기로에 서 있다. 갈등 속에 후회하지 않는 선택을 할 수도 있고, 선택을 잘못하여 큰 갈등을 겪는 경우도 항상 있다. 하지만 슬기롭게 처신을 하면 전화위복의 기회도 되곤 한다. 나 또한 과정을 운영하면서 불편한 관계였던 분이 적극적인 후원자가 되어준 경우도 있고, 가까운 지인이었던 분이 불편한 관계로 되는 경우도 있다.

결론적으로 '모든 게 내 탓이요'보다는 대화를 통해 소통하는 것이 최우선이고, 소통 가운데 배려 또한 함께 이어져서 더불어 가는 것이 최선이다.

이것 또한

비우면 채워지는 방법이라 생각한다.

2장

엑설런트 시니어의 삶을 만들어 가는 NLP 심리학

조석제

(심리치료전문가, 상담학 박사)

한국시니어플래너지도사협회 부회장

국제공인 NLP TRAINNER, 사) 한국산업카운슬러협회 상담본부장

한국 NLP 상담학회 부회장, 전주대 상담대학원 외래교수

연세대학교 미래교육원 시니어플래너지도사과정 책임강사

노인심리의 특징과 노년기의 주요 정신장애와 정신병

노년기의 주된 심리증상은 정신분석학적으로 여러 가지 특징이 있지만 가장 두드러진 몇 가지의 특징을 살펴본다면 무엇보다도 일상생활에서의 자기애의 두드러짐과 상실감을 들 수가 있겠다. 즉, 중요한 대상과 자기대상의 상실, 자신과 타인의 질병, 대인관계의 어려움과 고통, 경제적인 곤궁함과 문화생활의 결핍 등이라 할 수 있다. 여기에 필연적으로 수반되는 질병으로는 우울증과 치매 그리고 불안장애 등의 심리적 사회적 고립과 고통을 수반하는 질병과 심각한 정신분열증과 같은 정신병 등이 나타난다고 할 수 있다.

1) 노인 우울증

많은 노인심리학자들은 노년기 우울증의 중요한 위험요인으로 우울증의 전력과 최근의 생활스트레스, 사회적 괴리감 및 경제적 궁핍 그리고 독신생활 등이다. 노인 우울증의 자각증상으로는 신체기능저하와 금전으로 인한 스트레스, 사회적 역할의 상실과 가족의 사망으로 인한 상실감 등이다. 일반적으로 노인 우울증은 젊은이들보다 치료 효과가 빠르다고 알려져 있다. 즉, 선행원인이 제거되면 더욱 뚜렷하게 호전되는 양상도 보이기도 한다. 일반적으로 노인들이 준비되지 않은 스트레스 자극에 부딪히고 사회적 지지를 거의 받지 못하며 수동적으로 문제를 해결하는 경우에 우울증의 발생 가능성이 높으며 이런 경우에는 더욱더 사회적으로 고립되어 악화되는 일이 발생한다. 아울러 사회적 지지와 대처능력을 높이도록 치료목표를 설정하여야 할 것이다. 또 하나 신경내분비학적으로 살펴본다면 노년기 우울증이 뇌 속의 필수 신경전달물질의 부족과 연관성을 지니고 있다고 판단된다. 즉 노르에페프린과 세로토닌과 같은 신경전달물질의 부족과 아울러 대뇌피질의 변화와 손상에도 연관성이 있다고 의학계에서는 보고 있다.

2) 노인성 치매

일반적으로 치매의 증상과 종류는 여러 가지로 이해하고 있지만, 치매증상의 가장 중요한 요인은 기억기능의 치명적인 감소와 상실이라고 할 수 있다. 특별히 기억 관련 증상 중에서는 새로운 것을 학습할 수 있는 학습능력의 상실이다. 즉, 새로운 것을 학습한다고 할지라도 즉시 상실되는 현상을 볼 수 있다. 동시에 나타나는 증상으로는 광범위한 인지장애와 언어구술능력의 상실 등을 열거할 수 있다. 이는 언어이해력의 급격한 저하와 문장 독해력, 쓰기, 철자법, 산술능력의 상실, 엉뚱한 단어의 사용, 각종 실어증으로 나누어 볼 수 있다. 노인성치매는 미국 정신의학회에서는 1994년 세분화하여 알츠하이머 치매와 혈관성치매 그리고 파킨슨병에 의한 치매, 헌팅턴병에 의한 치매, 크로이츠펠트 야코프병에 의한 치매, 두부외상으로 인한 치매 등으로 나누고 있다.

3) 불안장애

노년기 불안장애는 노인들에게 가장 흔한 정신적 질환이라고 할 수 있는 심리적 장애이며 주로 각종 공포증과 범불안장애 그리고 종종 공황장애로 발전하는 경우도 존재하고 있다. 이러한 불안장애는 노인들의 삶의 기능상실과 심각한 건강문제로 나타난다. 불안장애는 우울증과 중첩되어 나타나는 경우도 많으며 특히 정서장애를 겪고 있는 노인들이 더욱 많은 증상을 보이기도 한다. 그리고 여러 가지 신체질환과도 중첩적으로 나타난다고 의학계에서는 보고 있다. 심근경색이나 만성폐쇄성 폐질환, 갑상선 기능항진증, 시각과 청각시스템과 관련된 감각손상 등이 그 예이다. 그리고 이러한 신체조건을 가진 노인들이 높은 비율의 불안장애를 경험한다고 보고되고 있다.

4) 정신분열병

정신분열병의 증세는 매우 다양하지만 일반적으로 기본적인 증세의 틀은 사회공동체로부터 자신을 스스로 단절시키는 모습으로 나타난다. 동시에 객관적인 모습에서 사람들이 이상하다고 느낌이 들게끔 행동하게 된다. 의학자인 크레펠린은 정신분열병을 조발성 치매라고도 주장한 바가 있다. 현실적으로 치료 경과를 살펴보면 정신분열병 증세의 완벽한 치료는 어렵더라도 약물적인 치료로 인하여 증상악화를 막고 호전시키는 임상적인 사례는 많이 발견되고 있다. 오늘날 정신분열병이라는 명칭을 처음 사용한 브로일러는 정신분열병 환자의 특징을 4가지로 분류하기도 하였다. 즉 연상의 장애와 자폐, 그리고 양가감정과 생활현장에서의 느낌의 무디어짐 등으로 구분하기도 하였다. 오늘날 일반적으로 정신의학적으로 분류하는 미국 정신질병분류(DSM-Ⅳ)에서는 5가지 주요 증상으로 분류하여 설명하고 있다

① **망상의 증상** 아무리 노력해도 변화되지 않는 이성적으로 잘못된 생각

② **환각의 증상** 실제 감각적으로 전혀 감각이 없음에도 불구하고 무엇인가 느껴지는 것을 말하고, 없는 소리를 듣게 되는 환청, 없는 것을 보게 되는 환시 등의 증상이 있다.

③ **와해된 언어의 사용** 언어사용이 논리에 맞지 않으므로 듣는 사람이 무슨 말인지 무슨 뜻인지 알 수 없다.

④ 와해된 행동 보통사람이 이해되지 않는 이상하고도 기이한 행동을 하고 몸의 자세가 부적절한 정지 자세를 보이기도 한다.

⑤ 음성증상 감정이 사라져서 표정이 없어지고, 생각도 없어져서 언어표현이 현저히 줄어들고, 모든 행동에 동기가 상실되어 행동이 느려지고 게을러 지며 위생관념도 없어지는데 다른 말로 무욕증이라고 한다.

5) 노인성 정신장애와 정신분열병에 대한 처치 및 예방대책

정신분열병의 가장 힘든 증세의 하나는 환자 가족이나 주변사람들이 증세가 언제 호전되고 악화되는지 잘 모를 경우가 많다는 점인데 이에 대한 상식을 가지는 것이 필요하다. 일반적으로 정신분열병의 증세가 악화되는 것과 약화되는 것은 비유적으로

표현해 본다면 고혈압 증세의 원리를 참고하는 것이 좋다. 즉 정신분열병은 발작 시 도파민이라는 뇌의 신경전달물질의 수치가 상승하게 된다. 도파민은 사람이 흥분하거나 기분이 좋으면 수치가 상승한다.

또 다른 예로는 마약을 섭취해도 도파민 수치가 상승한다고 알려져 있다. 도파민 수치가 높아지면 정상적인 사고의 흐름이 유지되지 않아서 환각과 망상이 지속되므로 정신과에서는 향정신성 의약을

사용하여 도파민 수치를 정상화시키게 된다. 그러나 문제점은 도파민 수치를 조절하기 위하여 계속적으로 정신분열병 치료제를 쓰게 되면 도파민 수치가 정상보다 더 저하되어 또 다른 문제를 야기할 수 있다. 그래서 최근에는 투약의 빈도수와 양을 조절하는 한편 다른 보조약물을 사용하여 조절하기도 한다. 이외에도 뇌에서 정신분열병에 작용하는 신경전달물질은 도파민 외에도 세로토닌이라는 물질도 존재하기 때문에 최소한의 부작용을 줄이기 위해 많은 연구가 진행되고 있다.

위에서 살펴본 바와 같이 노인성 정신장애는 주로 뇌기능의 손상과 정체로 인한 것이 주류를 이룬다고 한다면 뇌의 가장 큰 강점을 활용하는 것도 좋은 방법이라 할 수 있다. 즉, 몸과 마음의 계속 쓰기 활동을 통하여 행동적 차원에서 뇌 부위를 최대한 활용하여 남아있는 뇌기능을 활성화할 수 있는 것이다. 그리하여 노인시설의 프로그램을 적극적으로 활용할 수 있는 행동능력을 강화할 수 있다

치유상담으로서의 NLP 심리학의 의미와 역사적 배경

NLP(신경언어프로그래밍)는 새로운 심리학 이론이거나 학설이 아니라 인간 심리의 우수성을 창출하는 마음의 기술에 대한 연구라고 할 수 있다. 곧 그것은 사람이 탁월한 성취를 어떻게 이룰 수 있으며 어떻게 마음의 변화를 만들어 낼 수 있는가를 배우고 연구하는 새로운 심리치료의 접근 방법이라고 할 수 있다. 이것을 위해서는 사람이 어떻게 생각과 사고와 감정을 유발하여 행동하며, 또 그것을 유지하고 지속시키는가 하는 것이 포인트가 된다. 인간의 기억이나 경험이라는 것은 무엇이며, 어떻게 기능하는가? 생활하는데 여러 가지 문제나 제동은 어떻게 일어나며 그 결과를 다르게 만드는 것은 무엇인가? 성공적으로 문제를 해결하여 우수한 성과를 얻으며 행복하게 사는 비결은 무엇이며 무엇이 인간의 삶을 다르게 만드는 것인가? 등의 의문을 가지고 출발한 심리학이다.

무엇보다도 NLP 심리학이 변화의 방법으로 채택한 것이 모델링(modeling)이다. 이것은 NLP 심리치료의 지도원칙이기도 하다. 모델링의 고유한 방법을 통하여 모든 인간의 심리적 경험에 이용할 수 있게 훈련하여 마음의 문제를 해결하고 불안을 감소시키며 관계 개선도 할 수 있게 하는 능력을 길러 주는 것이다. NLP 심리학은 1976년 정보전문가인 리처드 밴들러와 캘리포니아 주립대학의 언어학 교수인 존그린더에 개발된 심리치료 기술이다. 이들은 훌륭한 업적을 남기는 성취가 들이 자신의 뇌를 어떻게 사용하였는가를 발견하는 데 주력하였고, 당시에 세계적으로 유명한 명성이 높은 심리치료전문가들을 연구하기 시작하였다, 또한 그들은 수많은 사람들의 삶을 변화시켜준 사람들이기도 하였다.

대표적인 심리치료전문가들은 미국의 게슈탈트 심리치료의 창시자인 프릿츠 펄스와 가족치료로 유명한 버지니아 사티어, 세계적으로 유명한 정신과 의사요 내면심리치료 전문가였던 밀튼 에릭슨이었다. 이 전문가들은 서로가 각각 다른 방법으로 인간의 심리에 접근하였으나, 우수한 심리치료에 대한 기본적인 생각이나 느낌이나 행동 또는 신념에 있어서 놀라운 공통된 패턴을 가지고 있다는 것을 발견하였다. 리차드 밴들러와 존그린더는 이 기본적인 심리치료 모델을 가지고 인간의 우수성을 개발하는 모델을 삼았다. 심리치료의 우수한 업적을 남긴 사람들은 어떻게 생각하고, 무엇을 들으며, 무엇을 보았는가? 이들이 가지는 느낌과 행동 하나하나를 단계적으로 세분하여 분석하고 분류하여, 이것을 다른 사람에게 훈련시켜 탁월한 행동변화와 심리치료 효과를 얻을 수 있었다.

결과적으로 말하자면 NLP 심리학은 사람들에게 긍정적인 변화를 일으켜 컴퓨터 소프트웨어와 같이 뇌에 작용하여 신념의 변화를 가져와서 심리치료가 가능하다는 것을 입증하고 있다.

상담현장에 있어서 NLP 심리치료의 방법

NLP 심리학에서는 사람들이 원하는 경험을 선택할 수 있게 하고, 공황발작이나 불안에서 단번에 벗어날 수 있게 하며, 삶 속의 갈등이나 깊은 문제를 단번에 변화시킬수 있게 하였다. 신체의 알레르기 반응도 없앨 수 있고 맘속의 자긍심과 자존감의 변화도 가능했다. NLP 훈련은 남을 돕는 마음의 기술을 배울 뿐 아니라 자신을 위해 활용할 수 있는 감정과 정서의 경험을 경험하게 된다.

1983년 미국의 〈타임〉지는 NLP는 사람의 갈등을 해결하는데 무한한 가능성을 가지고 있다고 평가했다. 또한 〈사이언스 다이제스트〉 잡지는 "1960년대 이래에 일어난 모든 인간 커뮤니케이션을 종합한 소중한 지식"이라고 논평했다. 유명한 노르만 빈센트 필 박사는 "NLP는 행동과 생각을 재프로그램시키는데 독특하고 새로운 심리치료 방법"이라고 지적하였다.

NLP 심리학의 기본적이고 구체적으로 간단한 경험으로 지금 즉시 실험해볼 수 있다. 모든 것을 중단하고 편안히 앉아서 고요하고 차분한 마음으로 생각만 해도 행복감을 느끼는 아주 즐거웠던 기억을 하나 떠올려 그때 그 감정을 경험해 보자! 그때의 기억은 그림도 있고, 소리도 있고, 느낌도 있다. 그 기억의 영상을 더 가까이 끌어와서 더 크고 생생한 맑고 밝게 마음속 그림으로 그려보자! 어떻게 그 경험이 달라지는가? 한번 마음속으로 의식해 보자! 같은 그림을 이번에는 더 멀리, 더 작게, 희미하게, 만들어 본다. 어떻게 마음속의 경험이 달라지는가? 의식해 보자! 그다음으로 맘속으로 경험했던 그 경험을 원래 있던 원 상태로 갖다 놓아 보자!

그 상황을 마음의 그림으로 이리저리 움직여 보았을 때 맘속으로 무슨 경험을 하였으며, 어떤 느낌이 들었을 때 경험은 더 강력한 느낌이 될 수 있으며, 멀리서 거리와 위치를 떨어지게 했을 때는 더 약한 감정 경험이 일어나는 것이 일반적인 현상이기도 하다. 이러한 심리적인 경험을 어떻게 나에게 유익하게 사용할 수 있다는 것을 이 경험을 통하여 배울 수 있다. 만일 긍정적인 감정을 강력하게 가지려면 그 맘속의 영상을 가까이 가져오고, 색상을 선명하게 볼 수 있게 만들고 고통스럽고 괴로웠던 경험은 멀리 보내고 색상을 희미하게 만들면 고통도 약화되고 맘속의 갈등도 희미하게 될 수 있을 것이다.

우리들의 삶의 장면과 상담의 장면을 이런 방법으로 다스릴 수 있다면, 3차원의 지각적 입장이 가능하고 문제해결의 능력을 가지게 되므로 맘속의 부정적 경험을 약화시킬수 있는 능력을 개발하게 된다. 만일에 긍정적으로 생각되는 과거의 경험에 대한 기억은 더 가까이에 끌어와 자신의 부분으로 뇌에 코딩하여 원하는 감정을 가지는 심리적 기술을 배우게 되는 셈이다. 우리는 종종 어떤 어려운 일을 당했을 때 "걱정하지 마"라는 말을 자주 하기도 하고 듣기도 한다. 아니면 "그런 일은 생각도 하지 마"라고 위로의 말을 할 때가 많다. 실제로 생각해 보면 걱정이 되고 문제가 되는 상황을 어떻게 생각하지 않을 수 있을까? 생각하지 않기 위해서 우리 뇌는 무엇을 할까? 생각을 하지 않기 위해서는 생각을 하게 된다는 것이다. 사람의 뇌는 부정적으로 구사되는 언어를 잘 이해할 수 없다는 것이 신경과학자들의 발견이라고 한다.

종종 교사나 부모들은 "하지 마"라는 말로 아이들을 교육하는데, 이것은 뇌가 가고 싶지 않은 할 수 없는 것을 강요하는 것이므로 교육도 아니며 학습도 될 수 없다. 결국 "더 이상 생각하지 말자"라는 다짐은 생각을 다시 하여 뇌를 압박하는 이중 부담을 가하는 것으로 해결을 위한 좋은 방법이 될 수 없다.

NLP 심리치료의 원리와 전제요건

사람은 세상과 접속을 잇고 경험을 가지는 근본적, 기능적 통로는 감각기관(시각 청각 촉각 후각 미각)이다. 우리의 심리적 경험은 생리적이며 정서를 동반하게 된다. 또한 정서는 지각과 인지과정에 밀접하게 연결이 되어 있다.

인간 경험은 구조가 있어서 이 마음의 구조를 변화시킴으로 사람의 주관적 경험을 변화시킬 수 있다. 사람은 외부의 정보를 입수하고 이것을 내적으로 진행시켜 자기 외부와 이사교환을 하는 것이 행동으로 나타나고, 관계를 형성하고, 삶의 형태로 나타나고 생각과 감정과 신념과 태도로 표현된다. 학파의 학설이나 이론을 다루기보다 실제 삶에서 어떻게 사람을 변화시키며, 원하는 것을 할 수 있게 하는 심리적 기술이기도 하다. 우리가 경험하는 감정들은 발생하는 사건이 아니라 그 사건에 대한 해석자료의 진행을 경험하게 된다.

경험이라는 것은 인간의 감각 채널을 통해 시각적으로 보고, 청각적으로 듣고 촉감적으로 느끼고 후각·미각으로 가능하다. 인간의 비언어적인 행동인 신체적 활동을 포함한 의식 밖에서 일어나는 생리적 변화(호흡패턴, 피부색, 눈동자의 움직임) 등은 내담자의 내적 경험을 이해하는데 언어적 표현보다 더 순수한 자료가 될 수 있다는 것이다. 말로 표현되는 언어는 미화된 자기표현으로서 1차적이나 2차적 필터링이 가해진 것이기 때문이다. 상담이나 심리치료 과정에서 내담자의 언어로 표현되는 이야기에 집중하는 것보다 그가 그 자리에서 하고 있는 것(신체생리적 변화)에 주의를 집중하게 된다. 내담자가 경험하는 감정은 언어 이외에도 생리적 현상이어서 시각, 촉각, 청각을 통하여 나타내게 되는 내적 경험의 표상으로 중요성을 지니고 있다

위에서는 NLP 심리학의 기본원리와 방법을 나열하여 보았다. 다소 생소한 내용이기도 하지만 무엇보다도 융합적인 심리학이자 심리치료 방법으로서 무엇보다 단기 상담에 굉장히 효과를 볼 수 있는 심리학이기도 하다. 무엇보다도 눈동자로 나타나는 내면의 변화를 아주 중요시하는 심리학으로서 빔어라는 용어를 사용하고 있다. 이것은 마치 우리가 상대방의 얼굴 모습과 행동 모습 전체를 보면 말하지 않아도 지금 어떤 감정 상태인지 알아차리는 것과 같은 이치이다. NLP 심리학에서 사용하는 심리적 전제요건 몇 가지를 소개하면 다음과 같이 중요한 몇 가지 전제요건이 있고 이 전제요건을 늘 머리와 가슴속에 심어놓고 상담과 심리치료를 진행한다.

1) 사람의 모든 행동은 내적인 변화에 대한 정보이다.
2) 문제가 있다는 것은 찬스를 가지는 것이다.
3) 제한을 느끼는 것은 가능성을 알려주는 것이다.
4) 모른다는 것은 정보를 얻을 금광이다.
5) 감정의 경험은 구조가 있어서 구조가 바뀌면 경험도 바꿀 수 있다.
6) 인간의 복잡한 행동은 자르고 조각을 내어 봄으로써 최선의 배움이 이루어진다.

마음이 힘들어하는 사람들을 어떻게 알아차릴 것인가?

상담현장에서 심리적으로 힘들어하는 사람들의 모습이 어떠하고 어떻게 상담으로 이끌어 갈 것인가를 함께 생각해 보는 시간을 갖고자 한다. 심리학적인 눈으로 살펴본다면 일반적으로 사람들이 마음의 고통에서 벗어나는 길은 단 한 가지 자신의 고통을 아는 데서부터 출발하는 것이다. 그것은 지금 여기(here&now)에서 자신에 대한 알아차림이기도 하다. 자신의 감정을 솔직하게 인정하고 솔직하게 내면에서 수용하는 작업이기도 한 것이다.

보편적으로 자신의 마음의 고통을 알아차리지 못하는 사람들은 상처에 대한 치유의 기회를 얻지 못한다는 역설이 성립하기도 한다. 그만큼 자신의 내면에 대한 알아차림이 마음치료에서 중요한 부분을 차지하고 있다. 상담실을 열심히 찾아오는 사람들은 자신의 마음의 고통을 인식했기 때문이며 이러한 사람들은 정말 따뜻하게 보호하고 격려해야 할 충분한 이유를 가지고 있는 것이다. 어쩌면 사람들이 자신의 마음의 고통을 알아가는 것부터 치유의 시작이기 때문이다.

인간의 내면에는 힘들고 지치고 상처받은 무의식의 울부짖는 소리가 있다. 이것이 우리의 영혼을 확인하고 찾아가고 내 영혼의 참모습을 바라보게 되는 것이다. 인간만이 가지고 있는 독특한 정신적인 능력이다. 인간은 마음의 고통의 과정에서 성숙하게 되는 것이다. 자기 영혼을 확인하고 찾을 수 있는 능력은 한마디로 고통을 인식하는 데서부터 시작되며, 마음의 고통을 느낀다는 것은 그만큼 자신의 고유한 영혼에 가까이 있다는 것을 증명하는 것이다.

자기의 마음의 상처를 자기가 인정하지 않으면 누구도 풀어낼 수 없다.

이번 글을 통해 사회의 모든 구성원이 가질 수 있는 마음의 상처와 각종 심리적 장애를 일으키는 요인들을 입체적으로 살펴보기로 한다

1) 우리들의 마음에 심리적 장애를 일으키는 요소들의 분석

① 내 마음의 상처를 분석하기

내 마음의 상처를 찾기 위해서는 내가 어린 시절에 무엇을 하고 지냈으며, 어떤 상황이 있었는지? 왜 그런 행동을 할 수밖에

없었는지를 살펴보아야 한다. 심리학에서 상처라고 하는 의미는 과거의 내 삶의 경험이 현재의 사건을 통해 되살아나는 것을 말한다. 더 깊이 들어가서 살펴보면 이미 과거의 내재된 경험이 현재의 경험과 감정에 영향을 미치고 있다는 말과 같다. 그것은 주로 어린 시절의 경험이 영향을 주는 경우가 많은데, 그 상처는 주로 가족을 통해서 오게 되며, 가장 가까운(중요한 타인들) 사람으로부터 상처를 받게 된다. 어린 시절 자신의 내면에 상처받은 아이의 정서가 존재하며 그것이 내 인생의 행복을 좌우하게 됨도 한번쯤 노년기에 살펴보아야 할 마음의 상태이기도 한 것이다. 어린 시절 마음의 성장이 방해를 받거나 자연스러운 감정이 표출되지 못하고 억제되었을 때 특히 화가 나거나 상처받았을 때의 감정들을 그 아이가 그대로 무의식 속에 간직한 채 성장하여 성인이 된다면, 화가 나 있고 상처받은 그 아이는 어른이 된 후에도 계속해서 그의 내면에 자리 잡게 된다. 그리고 그 내면의 상처받은 아이는 그 사람이 성인으로서 행동하는 데 계속해서 일상생활과 대인관계에 지장을 주게 된다.

모든 심리학적 이론을 종합하여 볼 때 분명한 것은 내가 과거에 무시당하고 상처받은 내면의 아이가 바로 사람들이 겪는 모든 불행의 가장 큰 원인이라고 한다. 그리하여 우리가 일생을 통하여 우리 자신들을 심리적으로 평안하고 행복한 마음을 방해하는 심리적 장애요소들을 떠 올릴 수 있을 것이다. 이러한 증상들 중에서 중요한 것들을 나열해 본다면 다음과 같은 것들이 있다. 즉 대인관계에 있어서 상호의존증, 사람들에 대한 공격적 행동습관, 자기애성 성격장애, 대인관계에 있어서 신뢰의 문제, 왜곡되고 마술적인 믿음, 친밀감 장애, 무질서한 행동, 중독적 강박적 행동, 사고의 왜곡과 편견, 무관심과 우울증 등이다.

이제 노년기에는 인생을 정리하고 관조하는 시기이다. 당연히 이제까지의 남의 배려와 도움과 대접만 받은 실버의 나이가 아니라, 내 마음의 건강에너지를 가지고 젊은이 못지않은 정열을 지니려면 반드시 이러한 내면의 마음상태를 점검하고 변화하는 노력이 더해질 때 분명히 Active 시니어의 영광스럽고 행복한 닉네임을 얻게 될 것이다.

② 건강한 가족과 역기능적 가족

마음의 상처는 어린 시절 가족 안에서 무슨 일이 일어났는가가 중요한 검토 대상이 된다. 어떤 사건으로 인하여 가족 구성원이 상처를 입게 되는 것인가의 문제이기도 하다. 가족의 모습은 우리가 마시는 공기의 영향과 같은 것이다. 공기가 오염되면 온 가족이 일상에서 마시는 공기가 오염되었다는 것이므로 건강을 보장할 수 없는 상황과 유사하기 때문이다. 건강한 성인이 되려면 가족 구성원으로부터 안전감, 따뜻함, 양육과 보호와 같은 존재적인 욕구들을 충족 받으며 안전감과 신뢰감을 가지고 성장하여 건강한 성인이 되는 것이다.

이러한 상황에서 살펴보면 심리적 장애를 겪는 학생들의 경우, 가정에서 최소한의 양육마저도 이루어지지 않아 아이들이 심각한 의존성과 상처를 안고 성인세계에 들어가게 되는 것이다. 이러한 가족을 역기능적 가족이라고 하며, 이러한 가정에서는 채워지지 못한 존재적인 욕구들로 인해 내면에 불신과 불안전함으로 인한 두려움을 가진 채 성인이 된다. 성인이 되어서도 어린 시절에 좌절을 겪은 욕구는 슬픔, 분노, 우울, 죄책감과 같은 부정적 감정으로 자신을 몰아세우기도 하고 제한적인 신념으로 자신을 가두기도 하며 급기야 중독과 같은 고통스러운 삶으로 자신을 황폐하게 만든다. 특히 자신을 온전하거나 완벽한 사람이라는 환상을 유지하기 위하여 더욱더 중독적 관계, 약물, 일, TV, 도박 등 외부적인 동인에 의존하게 될 것이다.

이렇게 살펴볼 때 일반적으로 건강한 가족과 역기능 가족의 차이점을 인식할 수 있다. 중요한 차이점으로는 개인이 처한 문제들을 어떻게 다루어지느냐이다. 다시 말하면 심리적 갈등해결 방식에 차이가 있다는 의미이다. 건강한 가정의 아이들은 갈등 관계가 존재할 수 있지만 여전히 부모와 사랑의 관계를 유지한다. 일반적으로 약물의존이나 비만, 우울증 같은 것에 대하여 선천적 성향을 물려 받을 수도 있다. 그러나 건강한 가정의 아이들은 이런 상황을 다른 방식으로 잘 이겨낸다. 극단적으로 역기능적인 가족의 아이들은 갈등이 생겼을 경우에 정신병, 정서적 근친상간, 폭력 등이 반복적으로 발생한다.

③ 마음의 상처를 가져오는 중요한 심리적, 물리적 요인들

ㄱ. 학대

일반적으로 학대라는 개념은 매를 맞거나 방치되거나 신체적 혹은 성폭력을 당했을 경우를 말한다. 이런 경우에는 깊은 마음의 상처가 생성된다. 그러면 가정에서 학대행위가 일어난 징후들은 내담자인 사람들로부터 어떻게 구분할 것인가를 살펴보자. 학대를 당하면 아이들은 부모가 조금만 화를 내도 무서워서 웅크리는 경향을 보인다. 또한 부모를 두려워하고 아이들과 노는 것에 흥미를 느끼지 못한다. 또한 아이들이 심하게 부모들의 눈치를 보며, 비정상적으로 화를 내거나 공격적으로 된다. 그리고 형제간에도 형이나 언니가 막내를 무자비하게 괴롭히는 경우가 있으며, 아이들의 정서와 성품이 변덕스럽고 매사에 부정적이며 대하기 어려운 증상도 나타나게 된다. 주의할 것은 어릴 때 학교에서 자주 처벌을 받거나 했다면 처벌과 학대를 구별하기가 어려울 수도 있다는 점이다. 좀 더 구체적으로 살펴보면 아이들로 하여금 부부싸움에 말려들게 하고 아이들을 통해 정서적 욕구를 충족하는 것도 학대에 속한다. 또한 부모가 술에 취해서 아이들에게 소리치고 장황

한 훈계를 하는 것도 정서적 학대이다. 아이들 스스로 독립적이지 못하게 되는 것, 부모와 늘 붙어있어서 제때 적절한 경험을 해보지 못하는 것도 학대이다.

ㄴ. 완벽주의

완벽주의는 외부를 통해 만족을 이루려는 성품을 말한다, 실제로 완벽주의자들은 이러한 지적을 받을 때 자신은 절대 그렇지 않다고 부인한다. 정확히 표현해 본다면 완벽주의는 자신이나 타인에 대하여 비현실적인 기대를 하는 것을 말한다. 완벽주의적 정서의 전달 모습을 살펴본다면, 완벽주의는 타인을 얕잡아 보는 것으로 시작하여 눈살을 찌푸리거나 무시하듯이 쳐다보거나 비판하는 것, 이해하지 못하겠다는 투로 말하기 등 여러 수단을 통하여 전달이 되기도 한다. 완벽주의는 자신의 삶이 자기의 통제권에 있다는 환상을 가지고 있고 그것을 불행한 방법으로 곤경에 빠지게 된다. 완벽주의는 불행에서 자라며 계속되는 비난을 키우는 것이다. 그리고 아이에 대한 계속적인 비난은 아이에게 깊은 무가치감과 수치심을 남기는 가장 확실한 방법이 된다. 일반적으로 비난과 완벽주의는 가족 모두에게 상처를 줄 뿐 아니라 해로운 수치심을 안겨준다. 결국에는 비난하는 사람과는 가족일지라도 멀어지게 한다.

ㄷ. 역기능 가족의 규칙

보편적으로 역기능 가족에는 '집안일은 밖에 나가서 얘기하면 안 된다. 남이 알면 망신'이라는 무언의 규칙을 가지고 있다. 이러한 가정의 아이들은 모든 문제를 혼자의 힘으로 해결해야만 한다고 믿으며 성장한다. 이렇게 되면 결국에 모든 문제는 혼자 힘으로 해결해야 하므로 무력해지고 어떤 희망도 찾아볼 수 없는 상황이 되고 마는 것이다. 소경이 소경을 인도하는 것처럼 가족 내에서의 건설적인 변화는 일어나지 않는다.

ㄹ. 감정과 현실부인

가정에서 말해서는 안 되는 '가족의 비밀'이 숨겨져 있거나 비난 혹은 통제가 있으면 저절로 감정을 표현하지 않게 된다. 착한 아이 신드롬에 걸린 아이들은 자기 형제에게 화가 나면 어쩔 줄을 모른다. 그래서 억울한 일이 있더라도 참는 도리밖에 없다. 그러나 분노가 마음 깊이 남는다. 결과적으로는 슬픔이나 상처, 두려움과 수치심과 같은 다른 감정들도 이 분노와 함께 마음속에 묻어지게 되는 것이다. 이와 아울러 적절한 마음의 가면을 쓴 채 자신의 진정한 모습과 감정, 심지어 직면하고 있는 현실을 부인하는 법만 배우게 된다. 이러한 마음의 현상이야말로 감정을 있는 그대로 표현하지 못하는 덫이 되는 것이다. 일반적으로 우리나라의 많은 사람들과 가정에서는 감정에 대하여 제대로 배우지 못하고 있는 것으로 생각된다. 그

이유는 내면의 감정을 솔직하게 인정하고 표현하지 못하기 때문이다. 그것은 너무나 고통스러운 일이기도 하다

2) 마음의 상처를 치유하는 시니어들의 감정관리

대한민국에서 태어나고 자란 시니어들은 가정생활이나 학교생활에서 감정에 대한 경험은 하였으되 감정의 기능과 감정의 중요성은 거의 배운 일이 없다. 그래서 감정을 제대로 관리하거나 감정이 자신의 행복과 어떠한 관련을 가지는지 알지 못한 채 살아왔다. 그저 이성은 합리적이되 감정은 그러하지 못하여 인간의 가치도 합리적인 이성에 의하여 결정되는 것처럼 배워왔다. 그러나 인생을 50년 이상 살아온 시니어들이라면 이제 살아온 삶을 돌아보면서 자신의 모든 선택과 행복이 감정에 의한 선택이었음을 알게 된다.

감정은 내가 하는 경험에 대한 평가이다. 감정은 내가 현재하는 경험을 어떻게 받아들여야 하는지를 알려주는 가장 1차적 원초적 방법이기도 하다. 감정적으로 어떤 경험이 즐거우면 그 경험을 계속하고 싶어 하고 그 경험을 추구하는 노력을 하게 된다. 이것이 시니어 행복의 중요한 요소이다. 감정관리가 잘 되는 사람은 방어적이지 않고 과거의 경험에 의한 색안경으로 현재를 바라보는 것이 아니라 지금 이 상황 자체에 초점을 맞추는 마음의 자세를 갖추게 된다.

3) NLP 심리학적 마음치유 방법으로서의 지각입장 변화기법(position change)

이 마음치유 기법은 자신 입장이라는 카테고리에서 벗어나서 상대방의 입장과 제3자의 입장에서 내 감정과 내 모습을 바라봄으로써 신념의 변화를 통한 마음상태를 변화시키는 심리치료 기법이다. 이 기법의 특징은 상대방이 되어보는 몰입의 기법과 제3자의 입장이 되어서 바라보는 관조의 기법이라고 할 수 있다

① 제1차 입장

이 기법은 자기 자신의 관점에서 세상을 지각하는 것을 말하며, 자신의 내면적 상태와 접촉하는 상태를 말한다. 사람이 경험하는 모든 직접 경험은 모두 1차적 입장에서 이루어진다고 할 수 있다. 보통사람들은 자기 자신의 신념과 가치관을 형성하게 한 평생의 경험을 가지고 있다. 그래서 이러한 변화와 치유를 위하여 자신의 느낌과 의견과 가치관은 1차 입장에서 중요한 의미를 가지고 있다.

② 제2차 입장

이 기법은 상대방의 관점에서 세상을 바라보고, 생각하고, 감정을 느끼는 것을 말한다. 이렇게 하면 상대방을 이해할 수 있는 좋은 방법이 된다. 2차 입장은 내가 상호관계를 가진 사람들의 의견, 신념, 가치관, 느낌 등을 지각한 후에 가능한 것이다.

우리가 흔히 말하는 '다른 사람의 옷을 입고 거울을 쳐다보는 기분'이라는 비유가 적당할 것이다. 이것이 2차 입장이라고 할 수 있다.

③ 제3차 입장

이 기법은 제3자의 객관적이며 중립적인 관점, 즉 멀리 바라보는 관조의 상태에서 마치 남의 일을 보듯이, 아니면 강 건너 불구경하듯이 세상을 인식하고 경험해 보는 것을 말한다. 3차 입장의 목적은 중립적이고 객관적인 견해를 취하게 하고, 전체로 큰 그림을 볼 수 있게 하는 것이다. 이렇게 마음속으로 연습을 해보면 두 사람이 상호 작용하는 것을 분명히 볼 수 있게 된다.

이렇게 함으로써 액티브 시니어들은 몸 건강과 마음 건강을 든든하게 유지하며, 남을 배려하고 사랑의 마음을 가질 때 진정한 인생의 탁월한 모습을 보여줄 것으로 기대한다.

[참고문헌]

- 이장호외 11인 공역, 〈임상노인심리학〉, 시그마프레스(2010)
- 전경숙, 〈NLP 심리치료〉, 학지사(1996)
- 최의헌, 〈정신병리 강의〉, 시그마프레스(2008)
- 존 브래드쇼, 오제은 역, 〈상처받은 내면아이 치유〉(2009)
- 강혜정 외 2인 공저, 〈성공가 치유의 심리학 NLP〉

3장

행복한 삶을 위한 공감소통

김선주

한국시니어플래너지도사협회 교육총괄이사

이화여자대학교 평생교육원 시니어플래너지도사과정 책임강사

SJK리더스코칭아카데미 대표

머리말

햇살 좋은 오후 커피 한잔 마시며 소통이 잘 되는 사람과 웃으며 대화할 수 있다는 것은 정말 행복한 일상이다.

행복한 삶을 살고 있는 사람들을 대상으로 관찰해보니, 주변 사람들과 소통을 잘 한다는 공통점을 발견하게 된다.

그럼 행복한 삶을 살기 위해서는 첫 번째로 '소통을 잘하는 사람이 되어야 한다'는 생각이 든다.

시니어들을 대상으로 '가장 힘든 고통이 무엇입니까?'라는 질문에 질병 48.1%, 외로움 21%, 경제적 어려움 8.8%, 역할상실 8.5%, 기타 13.6% 순으로 답변을 하였다(2013.5. 백세시대. 대한노인회 전국노인 5,541명 설문조사). 경제적 어려움보다 외로움이 훨씬 힘들다는 걸 알 수 있는 설문 결과이다.

가족과 함께 살아도 외로움은 존재한다. 얼마 전 부부 사이에 하루 평균 대화시간을 조사해 봤더니 30분 이하라고 한다. 서로 바쁘게 살다 보니 얘기할 공통의 화제도 대화시간도 부족한 모습이라 하겠다.

공감소통에서 나와의 소통, 가족 간의 소통, 친구와의 소통, 조직 구성원 간의 소통은 행복의 질뿐만 아니라, 기업의 발전에도 상당히 큰 영향력을 미친다.

어느 대기업에서는 멘토링(Mentoring) 제도를 만들어서 신입사원이 멘티(Mentee)가 되고 선배 사원이 멘토(Mentor)가 되어 업무와 기업문화 등에 대해 일대일로 소통할 수 있는 제도를 만듦으로써 신입사원은 회사에 더욱 적응하게 되고 선배사원도 리더십을 가지고 일하게 되었다고 한다.

〈어린 왕자〉 책에 보면 이런 대사가 나온다.

"세상에서 가장 어려운 일이 뭔지 아니?"
"세상에서 가장 어려운 일은 사람이 사람의 마음을 얻는 일이란다. 순간에도 수만 가지의 생각이 떠오르는데 그 바람 같은 마음이 머물게 한다는 건 정말 어려운 거란다."

무척 공감한다. 사람의 마음을 돈으로 살 수는 없으니까….

'행복한 삶을 위한 공감소통'에서는 사람의 마음을 사로잡는 비법을 알려주려 한다.

호감 가는 인상은 나의 스펙

첫인상이 결정되는 시간은 3초에서 7초 정도이다.

2010년 미국의 프린스턴 대학 심리학 연구팀에서 타인의 얼굴을 보고 그의 매력이나 호감도, 신뢰도 등을 판단하는데 걸리는 시간이 불과 0.1초라는 연구결과를 발표한 데서도 이를 잘 알 수 있다.

우리는 인상에 대해 많은 이야기를 한다. 인상이 좋아야 좋은 느낌으로 소통이 된다. 인상 쓰고 앉아있는 사람은 왠지 불편하다는 느낌이 든다.

'첫인상이 좋은데 지내보니까 더 좋은 사람인 것 같다'라고 하면 금상첨화다. '첫인상은 별로였는데 지내보니 괜찮은 사람인 것 같다'라고 하면 이도 반전매력이 있어 괜찮다. 하지만 '첫인상 별로였는데 지내보니 더 별로다'라는 평을 듣는다면 곤란하다.

나이 40이 되면 본인 얼굴에 책임을 지라는 말이 있듯이 평상시 표정습관이 자신의 얼굴을 만들어 간다.

하루에 자기 얼굴을 보는 시간은 10~30분 이내일 것이다. 여성은 화장을 하니 조금 더 보는 것 같다. 하지만 나의 얼굴을 더 많이 보는 사람은 내 옆에 있는 사람이다. 소통에서 표정으로 의사전달 하는 부분이 상당히 크다.

표정에서 입술 꼬리가 위로 향하는 모습을 보면 기분이 좋아진다. 관상학에서도 입술 모양을 복을 담는 그릇에 비유하여 입술 꼬리가 위로 향하면 복을 가득 담을 수 있는 형상이라고 하고 입술 꼬리가 아래로 쳐지면 복이 옆으로 새버린다고 한다.

관상학과 인상학에서 입술 모양은 상당히 중요하다. 하지만 나이가 들면서 중력에 의해 얼굴 살이 처진다. 표정과 생기가 없어지는 경우가 많은데, 미소 트레이닝으로 충분히 멋진 표정을 가질 수 있다.

아침마다 거울 앞에서 '아, 에, 이, 오, 우~'로 얼굴 근육 운동을 해주고 '위스키~'라는 난어를 외지며 10초 머물러 있는 것을 반복한다. 1주일만 해봐도 표정이 훨씬 밝아지는 것을 느낄 것이다. 매일 아침 화장대 앞에서 이렇게 하루를 시작하면 기분까지 좋아진다.

예전에는 사진 찍을 때 '김치~, 치즈~'라는 단어를 외치며 사진을 찍었는데 '위스키'라는 단어가 훨씬 효과적이다. 미소 지을 때 필요한 대협골근, 소협골근, 구각거근, 안륜근 등을 움직여주기 때문이다.

좋은 인상은 좋은 마음에서 나오듯 긍정적 정서가 느껴지는 미소를 짓는 것이 훨씬 편안하다.

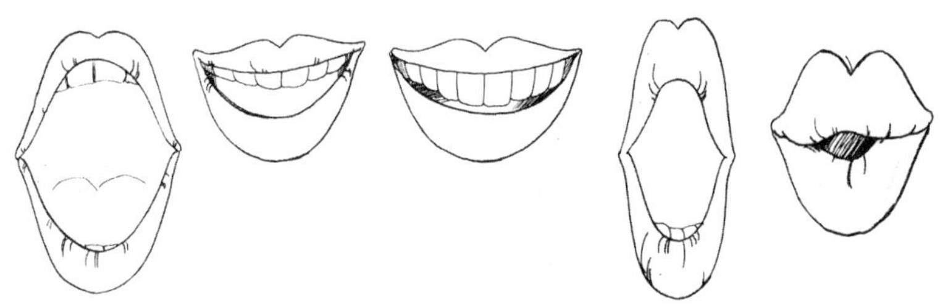

미국 캘리포니아 오클랜드 밀즈칼리지 졸업생을 대상으로 하커와 켈트너가 30년 추적 연구를 한 결과 인위적 미소집단보다 긍정적 정서가 느껴지는 미소(뒤센 미소) 집단이 훨씬 건강하고 생존율도 높았으며 삶의 만족도도 높았다.

거울은 내가 웃어야 웃는 모습을 비춰주듯 내가 웃으면 상대도 따라 미소 짓게 된다. 상대방과 친해지기 위해 미러링 효과(Mirroring Effect)를 활용해보자. 상대방의 행동패턴을 따라 하면 친밀도가 상승한다는 것이다.

예를 들어 커피숍에서 커피를 마시는데 상대가 "오늘 커피 향과 맛이 정말 좋네요"라고 이야기했을 때 "정말 커피 향과 맛이 좋네요" 하며 같이 마시면 더욱 친밀해진다. 하지만 이 상황에서 "난 맛이 별로인데"라고 퉁명스럽게 이야기한다면 조금은 불편해지는 느낌이 든다. 기분 좋게 맞장구 쳐보자.

플러스 인사의 매력

사람들은 만나고 헤어질 때, 고마울 때, 미안할 때 다양한 인사를 한다.

인사하는 태도를 보고 사람을 판단하는 경우도 종종 있다. 이왕이면 밝고 활기찬 인사를 하면 서로 기분이 좋아진다.

연예인 정준호 씨가 몇 년 전 토크쇼에서 "신인 시절 감독들이 나를 다시 찾은 것은 인사를 잘했기 때문"이라고 이야기하는 모습을 본 적이 있다. 인사를 잘하는 것을 그만큼 좋은 인성과 연결지어보기 때문에 나타나는 결과이다.

인사를 할 때 이왕이면 칭찬을 곁들인 플러스 인사를 하면 아침부터 기분이 좋아진다. "안녕하세요? 오늘 스카프가 너무 멋지네요. 잘 어울리세요"라는 플러스 인사를 받는다면 기분 좋게 하루를 시작할 수 있다.

하지만 할까 말까 망설임이 느껴지는 인사, 무표정한 인사, 눈 맞춤을 하지 않는 인사, 받는 둥 마는 둥 하는 인사는 기분까지 상하게 한다.

인사를 잘해야 좋은 인간관계로 연결된다.

몇 년 전에 한 학기 동안 스피치교육을 받으셨던 50대 중반의 사업하던 여성분과 티타임을 같이하고 그분의 차를 타고 이동한 적이 있다. 그분은 내가 내릴 곳에 차를 세운 다음 인사말만 하고 그냥 가실 줄 알았는데, 차를 세우더니 차 밖으로 나와서 45도 인사를 정중하게 하는 모습에서 감동을 느낀 적이 있다.

내가 아는 대치동 학원 상담실장이 학부모와 상담 후 꼭 엘리베이터 앞까지 정중하게 배웅인사를 하는 등 최선을 다하는 모습이 좋은 반응을 보이면서 더욱 성장하여 부원장, 원장으로 승진했다는 이야기를 듣고 인사의 힘을 다시 한번 실감하기도 했다.

상대의 마음을 얻을 수 있는 경청

이청득심(以聽得心), 경청함으로써 상대의 마음을 얻을 수 있다는 의미이다.

우리는 상대의 마음을 얻기 위해 많은 이야기로 사로잡으려고 하는데, 이 말은 잘 들어줘야 상대가 마음을 연다는 걸 알려주고 있다.

고민이 있을 때 나의 이야기를 들어주는 사람이 없다면 마음의 병이 생길 수도 있다. 우리가 살아가면서 나의 이야기를 잘 들어주고 조언해주는 사람이 있다는 것은 행복한 일이다. 마음의 카타르시스까지 느끼게 해준다.

듣기의 단계를 보면 듣는척하기, 선택적 듣기, 귀 기울여 듣기, 공감적 경청의 단계로 볼 수 있다. 일반적으로 선택적 듣기를 많이 한다. 내가 관심 있는 분야에 대해서만 집중하다가 다른 생각이 나의 머리를 지배한다.

공감적 경청을 하기 위해서는 노력이 필요하다. 상대가 이야기할 때 내가 다른 생각을 하거나, 상대 이야기를 평가하거나, 내가 말할 것을 생각할 때는 상대에 이야기가 잘 들리지 않는다.

이야기에 제대로 몰입해서 감정까지 이입해 보자. 앞으로의 인생이 달라질 것이다.

경청을 하면서 적절한 맞장구가 있어야 더욱 흥미 있게 이야기가 진전된다.

동의할 때는 "네, 그렇군요", 내용을 정리할 때는 "아 이렇다는 말씀이시군요", 공감의 맞장구는 "저런 힘드시겠습니다","정말 대단하신데요", 이야기를 촉진할 때는 "그래서 어떻게 됐지요?" 등의 다양한 맞장구를 쳐보자.

투자의 달인 워런 버핏과 점심 한 끼 하는 경매를 했는데 지난해 40억 원에 중국 기업인에게 낙찰됐다. 낙찰자는 워런 버핏과 점심을 먹으며 투자의 노하우를 듣게 된다. 이 경우 경청을 통해 중요한 정보를 얻게 되는 것이다.

상대의 이야기를 경청하다 보면 새로운 정보, 그 사람의 신념과 가치관, 현재의 생활, 니즈 등을 알 수 있다. 하지만 경청을 집중해서 하지 않으면 정보의 오류가 발생한다.

학창시절 국어시간에 선생님께서 맨 앞줄 학생에게 긴 문장을 귓속말로 이야기한 다음 맨 뒤에 있는 학생에게까지 전달하는 수업이 진행되었다.

6명에게 같은 문장을 전달했고 맨 마지막 학생이 일어나 문장을 이야기하는 순간이 되었다. 그런데 선생님과 똑같이 이야기했던 친구는 거의 없었다. 그만큼 말이란 게 한 단계 거칠 때마다 왜곡되거나 부풀려지거나 단축되기도 한다. 경청 훈련이 필요한 이유이다.

소통에서 중요한 것은 일방적이 아닌 쌍방적으로 소통하는 것이다. 듣기와 말하기의 비율은 7:3의 비율이 좋은데, 대체로 말하기를 좋아하는 사람들이 많다. 말을 너무 많이 하다 보면 실수하는 경우도 종종 있다.

말을 주도적으로 너무 많이 하는 사람이 주변에 있으면 스트레스 지수를 높인다. 대화란 주거니 받거니 하는 것이 상당히 중요하다.

효과적인 소통을 위해서는 장황하게 표현하기보다는 밝고 명료하게 표현하는 것이 좋다. 짧은 시간 안에 표현해야 한다면 두괄식으로 표현하면 아주 명쾌하다.

먼저 결과를 이야기하고 경과와 이유에 대해서 설명해주면 듣는 사람은 훨씬 이해를 빠르게 한다. 하지만 미괄식으로 결과를 맨 나중에 표현하다 보면 듣는 사람이 지루해질 수 있다. "그래서 결론이 뭐죠"라고 먼저 묻는 경우도 흔하다.

사회생활을 하다 보면 많은 사람들을 접하게 되는데 매너 있는 표현을 습관화하는 것이 중요한다. 쿠션언어와 청유형, 의뢰형의 표현을 습관화하는 것이다.

쿠션언어란 충격을 막아주는 완충작용을 하는 표현으로 '실례합니다만','괜찮으시다면','미안하지만' 등의 표현을 말한다. 청유형은 '~해 주시겠습니까?', 의뢰형은 '~해도 될까요?'의 표현으로 우리는 말만 잘하는 사람보다 말도 잘하고 매너 있는 사람을 좋아한다. 그래서 쿠션언어 + 청유형 또는 의뢰형으로 표현하면 된다.

'죄송하지만, 잠시만 기다려주시겠습니까?', '실례합니다만, 잠시 펜 좀 빌려도 될까요?' 등의 표현을 하면 상대도 흔쾌히 오케이라고 답변할 것이다.

말하는 것은 나의 언어습관을 어떻게 만들어 가느냐가 상당히 중요하다. 긍정적 표현을 습관화할 것인지, 부정적 표현을 습관화할 것인지, 5분 정도만 상대와 이야기 하다 보면 그 사람의 성향을 파악할 수 있다.

되도록 긍정적인 말을 많이 해보자. 그럼 주변에 좋은 사람들이 나에게 더 모일 것이다. '할 수 있어요', '가능합니다.','네 점점 좋아지고 있습니다' 등의 표현을 습관화해보자.

성공한 사람들의 자서전을 읽어보면 자존감이 높았고 '할 수 있다'는 자기 암시적 표현을 많이 사용하면서 일에 몰입할 때 놀라운 결과를 만들어내는 사례들을 많이 접할 수 있을 것이다.

부드러운 나 전달법으로 표현하자

나 전달법은 인간관계에서 효과적이고 부드러운 설득으로 연결되지만, 너 전달법은 상대방을 탓하며 인간관계 트러블을 만들어내는 화법이다. "당신은 왜 그래", "자네는 이렇게밖에 못하나" 등 상대를 탓하는 경우는 인간관계를 악화시킨다.

나 전달법은 사실 ···› 감정 ···› 바람 순서로 표현해야 한다.

한국 남편들은 대체로 술 때문에 늦게 귀가하는 경우가 많다. 지친 아내들은 바가지를 긁기 시작한다. "또 술이야, 또 술, 으이구 지긋지긋해 그만 좀 마셔"라고 하면 부부싸움으로 번진다.

이 표현을 나 전달법으로 표현해 보자.

연락도 없이 집에 들어오지 않으니 (사실)

무슨 일이 있나 싶어 걱정도 되고 화도 났어 (감정)

다음부터 늦을 거 같으면 미리 전화라도 해주길 바라. (바람)

이렇게 표현하면 남편은 왠지 미안해져 다음부터는 배려하는 행동을 보이게 된다.

다음은 맞벌이 부부의 이야기를 살펴보자.

식구들이 저녁 식사를 하고 다 흩어져 각자 일을 하면 설거지는 당연히 아내 역할인 양 신경들을 안 쓴다. 이때 아내가 "밥 먹고 설거지 좀 하면 안 돼? 꼭 내가 해야 하는 거야?"라고 이야기한다면 남편도 투덜대며 말싸움이 된다.

이 상황을 나 전달법으로 표현해 보자.

요새 일이 많아 힘이 드는데 설거짓거리가 쌓여 있는 걸 보니 (사실)

아무도 나를 배려하지 않는 것 같아서 참 섭섭해 (감정)

저녁 설거지만이라고 도와줬으면 좋겠어 (바람)

이렇게 표현한다면 서로 이해하고 배려하는 상황을 만들어 나갈 수 있다.

너 전달법으로 주로 사용했던 사람이 나 전달법으로 표현하려면 인내와 노력이 필요할 것이다. 하지만 원만하고 행복한 인간관계를 위해서는 변화가 필요하다. 똑같이 말하고 행동하면서 행복해지길 바라는 것은 어리석은 일이다.

빌 게이츠의 "나는 힘이 센 강자도 아니고 두뇌가 뛰어난 천재도 아닙니다. 날마다 새롭게 변했을 뿐입니다. 그것이 나의 성공비결"이라는 말은 '변화 속에는 반드시 기회가 숨어있다'는 걸 암시하고 있다.

상대의 마음을 움직이는 칭찬의 기술

〈칭찬은 고래도 춤추게 한다〉라는 책이 한참 베스트셀러가 된 적이 있었다. 칭찬은 인간의 잠재력을 끄집어내는 강한 힘이 있다. 어렸을 때 들었던 칭찬으로 인해 그 분야의 전문인으로 성공한 사례도 많이 볼 수 있다. 어렸을 때 부모님께 칭찬받는 것이 좋아서 더 열심히 공부하고, 심부름했던 기억이 난다. 하지만 과유불급이라고 칭찬을 과하게 하면 역효과가 난다. 상대가 경계를 하게 되는 것이다. 뭔가 부탁을 청할 것 같은 느낌이 드는 것이다. 그래서 칭찬의 기술이 필요하다.

칭찬할 일이 있을 즉시 칭찬해야 효과적이다. 지난 일을 칭찬하는 것은 기억이 흐릿해진 상태라 칭찬의 효과가 반감된다. 그리고 구체적으로 상대의 변화된 모습이나 장점 등을 칭찬해야 한다. 또 상대에 관심이 있어야 칭찬할 것도 보이게 된다. 공개적으로 칭찬을 할 때 칭찬의 효과가 커지고 결과보다는 과정과 노력하는 모습을 칭찬해주면 인정받는 느낌이 들어 더욱 열심히 하고 싶은 생각이 든다. 사람들을 대할 때 긍정적인 눈으로 보면 칭찬할 일이 더 보이기도 한다.

칭찬의 부메랑 효과는 내가 칭찬을 많이 하면 나에게 더 크게 돌아온다는 것이다. 하지만 비난, 비판을 많이 하는 사람에게는 더 큰 비난, 비판으로 자기 자신을 공격하는 부메랑으로 돌아오게 된다.

사람들에게 존중받고 싶은 만큼 상대를 존중하라는 말이 있듯이 긍정적인 공감소통을 하는 것이 더욱 행복한 삶이 될 것이다.

"말이 씨가 된다"는 속담이 있듯이 말에는 에너지가 있다.

에모토 마사루가 지은 책 〈물은 답을 알고 있다〉의 내용을 살펴보면 '사랑, 감사, 고맙습니다, 천사'라는 단어를 이야기했을 때 물 분자가 예쁜 눈꽃 모양의 모습으로 바뀌는데, '악마, 하지 못해, 짜증 나' 등의 표현을 하면 물 분자가 일그러지는 것을 발견할 수 있다고 나와 있다.

모로코 속담에 "말로 입은 상처는 칼로 입은 상처보다 깊다"라는 말이 있듯이 이왕이면 좋은 말을 많이 하는 게 좋다.

그동안 많은 강의를 하면서 청중으로부터 '강의가 너무 좋았습니다. 행복한 시간이었습니다'라는 칭찬을 들을 때면 더욱더 에너지가 생겨났고 무대에서도 힘을 얻는 것 같다.

칭찬이란 상대의 잠재력을 끄집어낼 수 있는 아주 소중한 보석과도 같다.

다름을 인정하는 소통

공감소통에서 중요한 것은 역지사지(易地思之)이다. 상대방 입장에서 생각하다 보면 답이 금방 나온다. 남편은 아내 입장에서, 아내는 남편 입장에서, 자녀는 부모 입장에서 사장은 때론 직원 입장에서 조금 더 생각해 본다면 서로 타협점을 잘 찾아낼 수 있다.

어렸을 때 읽었던 〈두루미와 여우〉를 보면 둘은 서로 친했지만 상대의 집에 초대받아서 식사를 하는데 본인들이 사용하는 그릇을 내놓자 식사를 못 하게 되는 상황이 발생한다. 이처럼 내가 좋아하는 것을 상대도 좋아할 것이라고 착각하며 살아가는 경우가 많다. 많은 사람들이 한우를 좋아한다고 해도 채식주의자에게는 한우가 맛있는 음식이 아니다. 참치회가 고급스럽고 맛있다고 생각해도 생식을 하지 못하는 사람에게는 불편한 식사 자리가 될 것이다. 후라이드 치킨을 먹을 때도 나는 다리를 좋아하지만 상대는 날개를 좋아할 수 있다.

상대와 소통하고 제대로 알아야 원활한 소통을 할 수 있는 것이다.

나이가 들어갈수록 이야기를 반복적으로 하거나, 자기주장이 강해서 경청이 약해지고 타인에 대한 배려심이 부족해지는 경향이 있다. '내가 인생을 살다 보니 이렇게 해야 한다'는 식의 표현이다. 하지만 다양한 연령층과 소통하기 위해 열린 마음이 필요하다.

공자께서는 근자열 원자래(近者悅 遠者來)라고 하셨다. 가까운 사람을 기쁘게 하면 멀리 있는 사람이 내게로 찾아온다는 뜻이다. 현대에도 멋지게 적용될 수 있는 내용이다. 하지만 우리는 가까운 사람은 너무 편하다고 함부로 대하는 경우가 종종 있다. 정말 소중한 사람은 옆에 있는데 멀리서 좋은 사람을 찾는다는 것은 잘못된 생각이다.

강의를 15년 정도 하면서 다양한 사람들과 소통을 하고 있다. 기업체, 공무원교육, 대학교 평생교육원 등에서 다양한 연령층의 사람들, 모두 각양각색 다르지만 그 다름을 인정해야 소통이 될 수 있다.

주도형, 사교형, 신중형, 안정형이 좋아하는 생활패턴과 일이 있듯이 다름을 인정하는 데는 시간이 필요하다.

주도형은 목소리가 크고 리더십을 발휘한다. 하지만 타인의 경청에는 약하다. 성격이 급하므로 두괄식의 표현을 좋아한다.

사교형은 분위기 메이커로 팀의 분위기를 아주 좋게 만들어가는 이야기꾼으로 말의 설득력이 좋다.

신중형은 진지하며 논리적 표현을 잘한다. 하지만 유머감각을 조금 키우면 훨씬 좋을 것이다.

안정형은 표현을 하기보다 경청을 잘해서 주변 사람들의 이야기를 많이 들어준다.

각자 유형에 따라 표현의 특징이 있다.

부부 사이에도 '치약을 짤 때 밑에부터 짜야 한다', '중간부터 짜면 어떠냐' 등 사소한 것으로 싸운다. '양말은 왜 뒤집어 놓았냐' 등 뭐든지 큰 사건이 일어나기 전에는 잔잔한 트러블이 수없이 생기다가 터져버린다. 통계자료에 의하면 추석이나 설 명절 이후에 이혼율이 급증한다는 것을 볼 수 있다. 며느리들의 스트레스가 차곡차곡 쌓이다가 명절을 기점으로 터져버린 것이다. 가족 간의 소통이 얼마나 중요한가? 하지만 서로의 입장을 고려하지 않고 일방적이라면 곤란하다. 남편의 중재자 역할도 상당히 중요한데 그 상황을 회피하거나 한쪽 편만 들다 보면 상황은 더욱 악화된다.

이번 여름, 중복에 삼계탕을 먹으려고 식당에 간 적이 있다.

분명히 옆 테이블에 4인 가족이 앉았는데 너무 조용하다. 그래서 봤더니, 4인 가족 모두 스마트 폰을 보면서 삼계탕이 나오기까지 15분 정도 한마디도 안 하는 것을 보고 깜짝 놀랐다. 진짜로 소통이 없는 가족이 요즘 많다는 것을 느끼게 되었다. 서로 얼굴을 보고 눈을 맞추며 이야기해보자. 삶의 활력소가 될 것이다.

이번해 7월에 한국시니어플래너지도사협회 호주지부(시드니)로 강의를 다녀왔다. 한국시니어플래너지도사협회장을 비롯해서 역량 있는 교수진이 한 팀을 이뤄 출국했다.

한인들을 대상으로 하는 의미 있는 강의로서 공감소통 스피치기법과 이미지 메이킹이란 주제로 강의했는데 투어와 강의를 같이 할 수 있어 너무 즐겁고 행복한 시간이었다.

강의 후에 구경한 오페라 하우스, 골드코스트 해변, 블루마운틴, NSW 미술관, 디너 크루즈 등 한국에서 바쁘게 강의하다가 글로벌 시대에 맞춰 외국으로의 첫 진출은 가슴을 설레게 했고 다시 갈 것을 기약하며 새로운 추억의 페이지를 만드는 소중한 시간이 되었다.

앞으로도 전문 강사로서 건강하게 오랫동안 청중과 소통하는 것이 나의 행복한 삶이라고 생각한다. 많은 사람들이 나로 인해 더욱 행복한 소통을 하게 되는 것을 기대해 본다.

[참고문헌]

- 에모토마사루, 〈물은 답을 알고 있다〉
- 김주환, 〈회복 탄력성〉
- 앙투안 드 생텍쥐페리, 〈어린 왕자〉

4장

40대의 목소리를 100대까지, 목소리 안티에이징!

고희경

(보이스/스피치 컨설턴트)

한국시니어플래너지도사협회 교육이사

연세대학교 미래교육원 시니어플래너지도사과정 강사

디서플린 다이나믹스 컨설팅 파트너 강사

광명시 여성비전센터 스피치 전문강사

목소리에 따라 달라지는 반응에 눈을 뜨다

"안녕하세요, 어머니? 저는 ○○ 오빠 팬 ○○○라고 합니다."

십대 시절, 좋아하던 가수의 어머니와 나눈 전화통화. 사춘기 소녀의 가슴 두근대던 그 경험이 바로 본격적인 목소리에 대한 관심의 시작이었다. 너무 아이 같아 보이지 않고 싶은 마음, 성숙한 이미지를 전달하고 싶은 마음에 내 목소리를 수없이 녹음하고, 들어보고, 다시 녹음하기를 반복했었다. 할 말을 적고, 연습하고, 또다시 들여다보고. 돌이켜보면 그것이 나의 첫 스피치 연습의 출발이자 목소리에 대한 훈련의 시작이었으니, 오늘날 이렇게 여러 사람들의 목소리에 관심을 갖고, 또 사람들의 목소리 개선을 위한 연습을 함께 하게 되리라고는, 그때는 전혀 알지 못했었다.

이후 나의 학창시절은 아나운서에 대한 꿈과 이 꿈을 이루기 위한 과정으로써, 자연스럽게 말과 목소리에 대한 관심과 연습으로 가득 차게 되었다. 이십여 년 이상의 시간을 내 목소리를 녹음하고 들어보면서, 미묘한 변화에도 달라지는 음성과 전달력의 차이를 몸으로 배우게 되었다. 그리고 목소리나 말투에 따라 의미 역시 다르게 전달됨을 알 수 있었다. 라디오 방송을 진행하고, 아이들에게 동화책을 읽어주면서 다양한 인물들의 목소리를 연출하다 보니, 자연스럽게 각각의 음성이 만들어지는 원리에도 많은 관심을 갖게 되었다. 이후 누군가와 이야기를 나누다 보면, 그 사람의 발성습관이나 발음습관에도 관심을 많이 두게 되었는데, 이를 통해 목소리 때문에 고민하는 사람들의 개선을 위한 훈련에 사명감으로 임하게 되었다.

목소리는 다양한 색깔을 가지고 있다. 때로는 사랑스럽고 애교 넘치게, 때로는 성숙함으로 카리스마와 전달력을 뽐내게 된다. 같은 사람이지만, 기분에 따라 다른 목소리 톤과 억양으로 표현되기도 하고, 훈련을 통해 다듬어진 목소리는 전혀 다른 사람처럼 느껴지기도 한다. 같은 말이라도 목소리에 따라 다른 느낌으로 전달되면서, 의미에 힘을 실어주기도 하고, 오해를 불러일으키기도 한다. 발표나 강연을 진행할 때에도, 힘이 있고 좋은 음성으로 전달하면, 사람들의 집중력을 더욱 불러모을 수 있다. 성공적인 스피치에는 여러 가지 요인들이 있지만, 무언가 부족하다고 느껴지는 스피치에는 목소리가 좋지 않았던 경우가 상당수를 차지하기도 하는 것을 보면, 목소리는 단순한 전달 도구 그 이상의 힘이 있다고 볼 수 있다.

최근 스피치나 프레젠테이션에서 많이 화두가 되는 평창 동계올림픽 프레젠테이션에서도 김연아 선수의 변화된 음성 연출을 볼 수 있다. 이 프레젠테이션에서 김연아 선수의 목소리 톤은 평소 인터뷰 때보다 2배가량 높다. 이러한 목소리 연출력으로 밝은 열정과 희망을 전달함으로써, 좋은 결과를 가져오는 데에도 분명 영향을 미쳤을 것이다. 그러나 대부분의 사람들은 목소리에 그다지 관심을 갖지 않고 사는 것이 일반적이다. 하지만 목소리가 미치는 중요성을 생각할 때, 또 나이가 먹으며 변화해가는 성대의 건강을 감안한다면, 이제는 누구라도 목소리에 대한 관심을 소홀히 해서는 안 될 것이다.

목소리에도 노화현상이?

사람의 첫인상을 좌우하는 중요한 요소 중 하나인 목소리! 앞서 이야기했듯이 많은 경우 목소리의 중요성에 대해 큰 관심을 기울이지 않고 살아간다. 목소리는 타고 난 것으로 생각하며, 습관적으로 써오던 발성을 그대로 받아들이는 경우가 대부분이다. 건강이나 노화에 대해 이야기할 때도 마찬가지이다. '얼굴이 늙었다', '손이 늙었다' 혹은 '신체나이'라는 표현은 많이 쓰지만, 콕 집어서 '목소리가 늙었다'는 표현을 쓰는 경우는 드물다.

그런데 일반적으로 나이가 들어가면서, 목소리도 젊은 시절과는 달라지게 된다. 얼굴이 늙어가고 주름이 생기며, 근육이 빠지고, 관절이 노화로 닳듯이, 성대 역시 나이를 먹으면서 노화가 일어나기 때문이다. 물론 호르몬의 영향을 받거나, 건강 이상에 의한 경우도 있다. 이를 제외한 상당 경우, 목소리는 관심과 연습에 따라 변화할 수 있으며, 타고난 고유의 음성을 잘 다듬어 멋진 목소리로 연출할 수 있다.

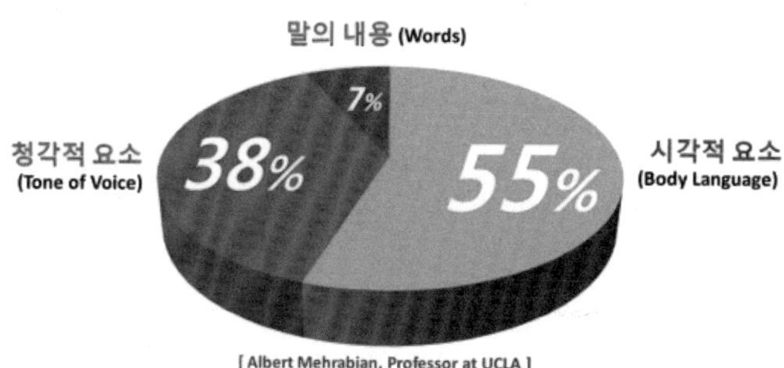

미국의 심리학자 앨버트 메라비언에 의하면, 한 사람이 상대방으로부터 받는 이미지는 시각적 요소가 55%, 청각적인 요소가 38%, 말의 내용인 메시지는 7%에 불과하다고 한다. 시각적 요소는 다시 표정 35%, 태도 20%로 나뉘는 것을 고려한다면, 단일요소인 청각적 요소, 즉 목소리가 얼마나 중요한지를 잘 알 수 있다. 같은 내용이라도 어떤 목소리로 전달하는가에 따라 의사전달 효과가 달라질 수 있다는 것이다. 또한, 하버드 대학에서 연구, 조사한 결과에 의하면, 청중의 80% 이상이 말하는 사람의 목소리만으로 신체적, 성격적 특징을 규정짓는다고 한다. 실제 연구에서 목소리만으로도 그 사람의 나이, 몸무게, 성격, 가치관, 건강상태, 감정 등 200가지 이상의 정보를 파악할 수 있다고 하니 실로 어마어마하다고 할 수 있다.

실제로 우리는 사람들의 목소리만 들어도 그 사람의 연령층을 짐작할 수 있다. 감정상태 역시 숨기기가 어렵다. 일반적으로 나이가 많아지게 되면, 목소리도 젊은 시절과는 달라지게 된다. 쉰 소리가 나거나 힘이 약해지기도 하고, 떨리거나 높은 톤으로 변하는 경우가 흔하게 접할 수 있는 음성의 변화이다. 여성의 경우는 낮은 톤으로 변화하는 경우가 많다. 실제 남성과 여성의 성대 노화 양상은 다르게 나타난다. 남성의 경우, 성대 내부를 채우고 있는 결체조직이라는 것이 점점 줄어들고 변성을 일으킬 뿐 아니라 성대 근육도 약해지면서 결국 성대가 가늘어지는 변화가 생기게 된다. 이로 인해, 성대가 소리를 내기 위해 붙을 때 공간이 생겨서 목소리가 가늘어지고, 쉰 듯한 소리가 나게 된다. 여성의 경우 그 변화양상이 남성들만큼 크지는 않지만, 성대가 점점 두꺼워지는 변화를 보인다. 따라서 점점 목소리가 굵어지는 변화가 생기는 것이다. 이는 호르몬 때문인데, 나이가 들면서 남성의 경우 남성호르몬의 양이, 여성의 경우 여성호르몬의 양이 줄어들기 때문이라고 한다.

싱악가들의 경우를 보면 나이가 들어도 목소리가 크게 변하지 않는 예를 볼 수 있다.

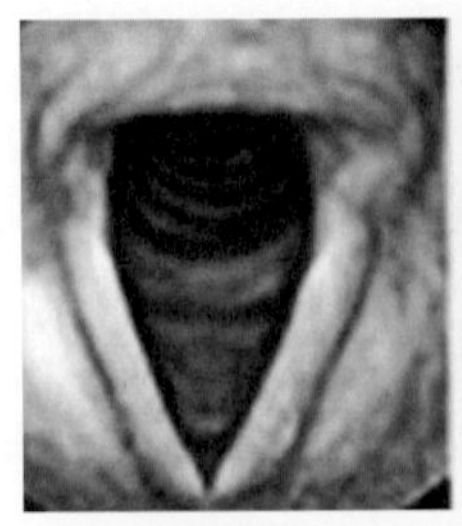
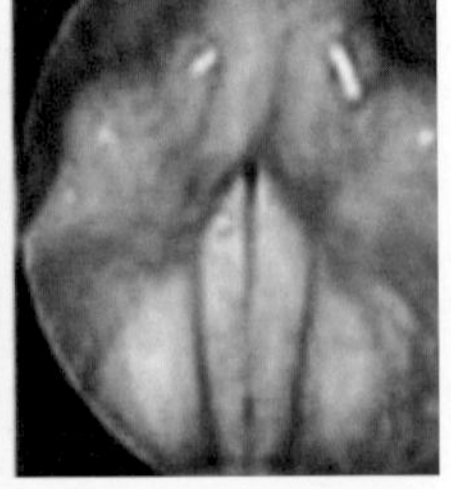

젊고 건강한 사람의 성대

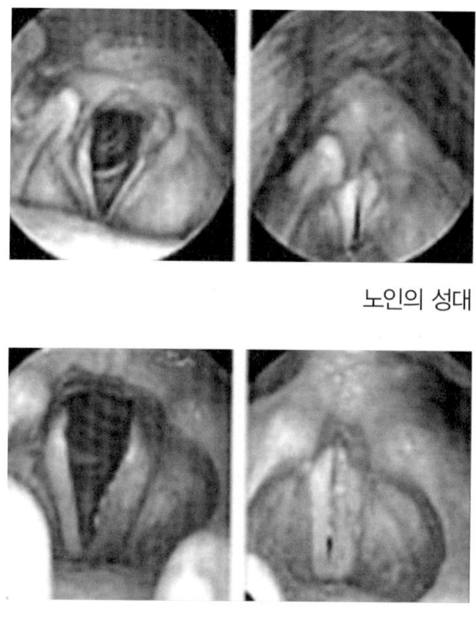

노인의 성대

성대에 암이 생긴 경우(초기)

– Michigan State Univ. –

이것은 바로 관리를 잘했기 때문인데, 건강관리에 따라 실제 연령과 신체나이 사이의 차이가 나는 경우라고 보면 되겠다. 따라서 운동과 식이요법으로 신체나이를 젊게 유지하듯이, 목소리도 관리를 잘 하면 젊고 건강한 목소리를 조금 더 길게 잘 유지할 수 있다.

목소리는 호흡을 통해 들이마신 공기가 성대를 부드럽게 마찰, 진동시키면서 만들어진다. 이 과정에서 성대는 하루에도 수만 번씩 열렸다 닫히며 진동하는 운동을 하게 된다. 그러므로 잘못된 발성이 지속되면, 음성질환을 가질 수도 있고, 이는 목에 무리를 주어 통증이나 피로감, 발성장애를 가지게 될 수도 있다. 성대에 과도한 마찰이 일어나거나, 성대 혹은 그 주변부인 후두에 염증이 생기게 되면 목소리가 제대로 나오지 않게 된다. 성대 양쪽이 제대로 마찰하지 못하게 되면서, 꼭 닫히지 못해 목소리가 쉬고 갈라지는 것이다. 또한, 이 상태에서 계속 목소리를 쓰게 되면, 목에 더욱 무리가 가게 된다. 따라서 목이 아프거나, 목소리가 잘 나오지 않을 때는 목을 최대한 쉬게 해주고, 따뜻한 물을 많이 마시는 것이 좋다.

그런가 하면, 위 사진에서 보는 것처럼 노인의 성대는 후두의 물렁뼈가 석회화되고, 성대가 꼭 닫히지 않게 되며, 성대주위가 위축된다. 이는 후두의 만성염증 때문이라고 한다. 혹은, 다른 질환 때문에 목소리의 변화가 일어나기도 한다. 후두암, 갑상선질환, 역류성식도염, 고혈압, 당뇨 등과 같은 질환은 목소리의 변화를 동반하기도 한다. 특히, 노년층에서 갑자기 목소리가 변하고, 평소와 다른 목소리가 2주 이상 지속되거나 목소리를 내기 힘들다면, 병원에서 전문적인 진료를 받아보는 것이 필요하다. 이러한 경우가 아니라면, 목소리는 훈련을 통해 관리되고 유지될 수 있다.

그렇다면 눈에 보이지 않는 성대의 노화도는 어떻게 알 수 있을까? 목소리의 노화도 신체나 피부의 노화처럼 사람마다 그 진행속도가 다르다. 어떤 사람은 조금 더 성숙한 목소리를 갖고 있기도 하고, 또 어떤 사람은 조금 더 아이 같은 목소리를 갖고 있기도 하다. 또 외모보다 젊은 목소리를 갖고 있는 사람도 있고, 외모에 비해 나이든 목소리를 갖고 있는 사람도 있다. 일반적으로 목소리 노화는 65세 전후로 급격하게 나타난다고 한다. 50대까지는 “목이 조금 불편하다”, “가끔 목소리가 잘 안 나온다”고 말하던 사람이 60대에 접어들면 자기도 모르게 갑자기 할아버지 목소리로 변한다. 일반적으로 70대 10명 중 7명 이상이 성대 근육 및 점막 위축을 겪고 있다고 한다. 따라서 목소리 관리를 시작하기에 좋을 때는 아무 이상이 없다고 느껴지는 50대이다.

다음의 체크리스트 항목 중 6개 이상에 해당한다면, 목소리 노화가 이미 시작됐다고 볼 수 있다. 따라서 나의 목소리는 어떠한지 점검해보고, 현재의 목소리를 유지하고 젊고 건강한 목소리를 관리해 나가도록 하자.

- ☐ 쉰 목소리가 난다.
- ☐ 빈번한 사레 걸림이 있다.
- ☐ 물을 마실 때 잔기침을 자주 한다.
- ☐ 큰 소리를 내기 힘들다.
- ☐ 목소리에 힘이 없고 떨린다.
- ☐ 노래 부르기가 힘들다.
- ☐ 목소리가 쉽게 잠기고 잘 가라앉는다.
- ☐ 말을 하면 숨이 찬다.
- ☐ 발음이 부정확하고 잘 못 알아듣는다.
- ☐ 목이 자주 마르고 건조하다.

좋은 목소리는 올바른 호흡에서부터 출발한다

어떤 목소리가 좋은 목소리이며, 어떻게 유지하고 관리할 수 있을까? 좋은 목소리는 올바른 호흡을 바탕으로, 힘 있고 울림 있는 발성을 통해, 정확한 발음으로 완성된다. 목소리란 결국 하고자 하는 말을 전달하는 도구이므로, 여기에 진정성, 즉 적절한 감정이 실린 목소리라면 최고의 목소리일 것이다. 이러한 좋은 목소리의 기본은 올바른 호흡에서부터 출발한다. 호흡이 제대로 실리지 않으면, 발성이 제대로 이어질 수 없다. 발음의 기본 역시, 입 모양의 시원한 움직임에서 시작하니, 올바른 호흡법은 좋은 목소리를 위한, 그리고 목소리 관리를 위한 기본 중의 기본이다.

좋은 목소리를 위한 올바른 호흡은 바로 복식호흡이다. 몇 년 전, 영어를 잘 하기 위해서는 영어식 호흡법을 배워야 한다는 광고문구를 보고 의아해했던 적이 있다. 영어는 복식호흡, 한국어는 흉식호흡을 쓰기 때문에 호흡법을 바꿔야 한다는 것이었다. 그러나 한국어도 제대로 발성하기 위해서는 복식호흡이 기본이 되어야 한다. 멀리까지 힘있게 전달되는 발성, 목이 아프지 않은 발성, 성대를 보호하면서 오래도록 건강한 목소리를 유지하는 비결까지 이 모두는 복식호흡을 기본으로 한다. 배를 수축하는 단단한 힘을 잘 활용해야 목에 힘이 들어가지 않고, 성대에 무리가 가지 않는 발성이 가능해지기 때문이다. 창문을 많이 열어야 공기를 충분히 순환시켜 환기가 제대로 되듯이, 복부 깊숙이 숨을 깊게 채웠다 뱉어내는 호흡을 반복해야 많은 양의 공기에너지를 통해 길고 힘 있는 발성이 가능해지는 것이다. 이런 호흡법이 익숙해져야 몸의 건강에도 좋고 성대 건강에도 좋고, 결국 발성에도 좋다.

복식호흡은 말의 체력이다. 체력이 좋아야 운동도 잘 할 수 있는 것처럼, 올바른 호흡법과 긴 호흡량이 받쳐줘야 말도 힘있게 잘할 수 있다. 조금만 말을 해도 금방 목이 쉰다고 하는 분들이나, 만성적으로 목소리가 탁하고 갈라지는 분들, 또 금세 숨이 차고 떨린다고 하는 분들을 만나보면 대부분 호흡이 얕고 호흡량이 적다. 그러므로 목소리 건강을 위해서나, 관리 그리고 유지를 위해서는 복식호흡을 필수로 꾸준히 연습해야 한다.

그렇다면, 복식호흡과 이를 활용한 발성은 어떻게 익힐 수 있을까? 복식호흡은 말 그대로 배로 쉬는 호흡으로, 배꼽 아래 손을 얹어 손가락 두, 세 개 정도 위치까지 숨을 깊게 들이마시고 뱉는다는 기분으로 깊게 호흡해주면 된다. 처음 연습할 때는 마시는 숨에 배를 밀어내면서 숨을 채운다고 생각하고, 뱉는 숨에는 배가 등에 가서 닿을 듯이 숨을 끝까지 길게 뱉어보는 것이 좋다.

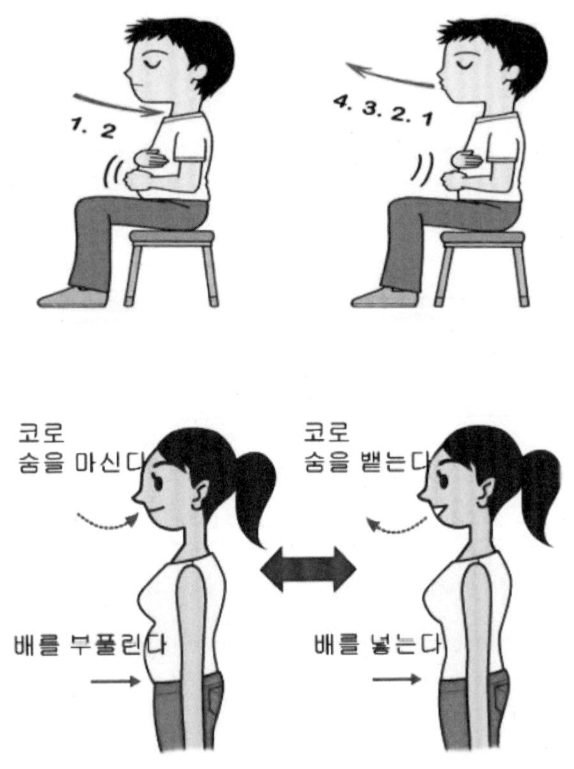

복식 호흡법 자체는 꾸준히 연습하면 쉽게 따라 할 수 있지만, 이 호흡을 활용하면서 발성하는 것까지 연결이 되어야 성공이다. 이런 호흡법에 따라 입 밖으로 뻗어 나오는 공기에 살짝 소리를 내보는 것이 복식호흡을 이용한 발성의 출발이다. 한동안 유행했던 '공기

반, 소리 반'의 표현을 떠올리며, 공기만 가볍게 하~~ 뱉어보다가, 하~아~~ 하고 소리를 내보는 것이다.

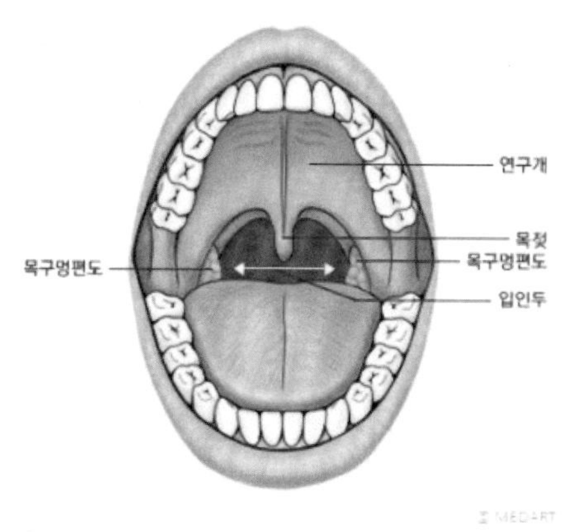

출처: 건강백과 〈서울대학교병원 신체기관정보〉 '인두'

이때, 입의 크기는 하품하듯이 시원하게 벌려줄 수 있도록 해야 한다. 목 안의 목젖을 중심으로 양옆은 아치처럼 잘 벌어져 있고, 혀는 낮게 깔려서 전반적인 목구멍과 입안의 공간을 잘 활용해 주는 것이 중요하다. 말을 할 때의 입 모양을 관찰해보면, 대부분의 경우 입의 움직임이 거의 없다. 그러나 이렇게 말을 한다면, 공기가 빠져나올 공간이 적어 호흡의 활용이 어렵고, 힘 있는 발성은 물론 발음 역시 제대로 만들어지지 않는다. 마치 창문을 조금 열어놓고 환기를 할 때, 공기의 순환이 쉽지 않은 것과 같은 원리이다. 이에 전달의 어려움을 겪기도 하고, 목에 힘이 들어가면서 발성의 어려움과 더불어 성대에도 무리를 주게 되는 것이다. 일단 입 모양을 시원

시원하게 움직이다 보면, 발성은 물론 발음의 상당 부분이 명료해진다. 따라서 말을 할 때는, 입의 움직임을 크고 시원하게 만들면서 배는 단단하게 수축시키고 말을 해야 한다. 이러한 시도를 꾸준히 해보면서 몸에 익혀준다면, 말을 할 때 한결 편안하면서도 신뢰감 있고 힘 있는 목소리가 나오는 것을 경험할 수 있다. 최근에는 요가나 노래교실 등의 취미활동을 통해 많은 사람들이 복식호흡을 경험해보는 추세지만, 여전히 발성으로의 연결은 대부분 어려워한다. 이는 호흡과 발성의 연결이 쉽지 않은 부분도 있지만, 습관을 바꿔나가는 부분이 그만큼 어렵다는 말이기도 하다.

여기에 적절한 감정을 실어 말은 하는 것 역시 목소리의 연출에 있어 빼놓을 수 없는 중요한 요소이다. 목소리는 마음의 창이다. 내면의 소리와 가장 가까운 것 역시 목소리이기도 하다. 이 때문에 자신감이 없을 때는 목소리도 작아지고, 힘이 있는 목소리를 들으면 자신감 역시 함께 상승하는 것이다. 목소리에는 감정도 들어있다. 즐거운 감정도 분노의 감정도, 표정뿐만 아니라 목소리에 모두 담겨 표현된다. 전화통화로 상대의 얼굴을 보지 않고 목소리만 듣더라도 상대의 감정선을 인지할 수 있는 것이 바로 가장 큰 예시이다. 즉, 자신의 내면 희로애락이 모두 들어있는 것이 바로 목소리이다. 화를 내고 분노를 자주 표출하거나 커다란 목소리를 자주 사용하다 보면, 결국 성대에도 무리가 가고 목소리 역시 거칠어지게 된다. 자연스레 화난 음성을 연출하는 것이 습관이 되는 것이다. 반면, 부드러운 음성을 자주 사용하다 보면, 성대 역시 이에 익숙해진다. 그러므로 목소리 관리를 위해서는 표정과 감정을 잘 다루는 부분 역시 중요하다. 의식적으로라도 미소를 자주 지어보는 것도 좋다. 부정적인 감정에 휩쓸리기보다는 상황을 긍정적으로 받아들이는 자세 역시 정신 건강뿐 아니라, 목소리 건강을 유지하는 데에도 도움이 된다.

미국의 의사 맥스웰 몰츠는 그의 저서 〈성공의 법칙〉에서 이렇게 말한다. "무엇이든 21일간 계속하면 습관이 된다. 21일은 우리의 뇌가 새로운 행동에 익숙해지는 데 걸리는 최소한의 시간이다." 그러나 이 3주간의 시간은 뇌에 습관을 각인시키는 시간이고, 이 습관을 온전히 몸에 익숙하게 만들기 위해서는 66일은 더 이어가야 한다고 하니, 습관을 바꾸는 일은 생각보다 쉽지 않다. 하물며 평생을 써온 목소리를 내는 습관은 어떠하겠는가? 목소리 훈련은 젊은층에만 필요한 것이 아니다.

100세 시대를 살아가는 우리에게 연령층을 불문하고, 올바른 목소리를 사용하는 것. 목소리 관리는 이제 선택이 아니라, 필수이다. 지금부터라도 연습하자! 내년 이맘때쯤이면, 한결 편안한 목의 상태를 유지할 수 있을 것이다.

목소리도 젊고 건강하게 유지하자

목소리의 노화를 예방하는 방법에는 그 밖에 또 어떤 것들이 있을까? 팔다리 근육이 가늘어지고 힘이 없어지는 것을 막기 위해, 걷거나 뛰는 등의 근육운동을 하는 것처럼 성대도 같은 원리를 이용해 운동을 시켜주는 것이 좋다. 또한 몸의 건강을 위해 몸에 좋은 음식을 먹는 것처럼, 목에 좋은 음식을 섭취하는 것도 방법이다. 그 방법들을 몇 가지 살펴보자.

첫째, 꾸준하고 가볍게 목소리를 지속적으로 사용해, 성대 근육을 강화한다. 목소리를 장기간 사용하지 않으면, 오히려 성대 건강에 좋지 않다. 나이가 들면, 대화 상대가 줄어들고, 말을 하는 것 자체가 힘들어 이야기를 적게 하게 되는 경우가 많다. 그러나 적당한 대화로 성대 근육을 사용해야 성대를 더욱 건강하게 유지할 수 있다. 이것이 어렵다면, 노래나 구구단 등을 가볍게 흥얼거리는 것도 좋다. 그러나 목이 아프고 쉰 상태라면, 이때는 목을 쉬어 주고 따뜻한 차를 마시며 휴식을 취하는 것이 좋다.

둘째, 입이 아닌 코로 숨을 쉬며 하루에 30분 정도 걷는다. 건강한 목소리는 결국 건강한 신체에서 나온다. 다른 신체의 노화도 역시 목소리의 노화에 영향을 준다. 폐활량의 감소는 성량의 감소를 가져오고, 입 주변의 근육이나 혀 근육의 쇠약은 발음이나 말투에 영향을 준다. 복근의 근력저하 역시 폐활량에 영향을 미친다. 따라서 목소리의 힘은 호흡의 기능이 잘 유지되어야 강해지는데, 하루 30분 정도 걷는 유산소 운동을 하면, 호흡 기능이 강화된다. 조깅이나 등산과 같은 운동도 좋다. 이때, 입으로 숨을 쉬면, 목이 쉽게 건조해지거나 외부 물질에 직접 노출돼 손상을 입기 쉬우므로 코로 숨을 쉬는 것이 좋다.

셋째, 성대에 자극을 주는 음식은 피하는 것이 좋다. 성대는 촉촉하게 유지되어야, 발성할 때 생기는 성대의 마찰을 완화해주고 부드럽게 진동하게 해준다. 따라서, 물을 자주 마셔주어 성대를 촉촉하게 유지해주는 것이 좋은데, 이때 너무 차갑지 않은 실온의 물이 좋다. 수분을 빼앗아가는 술이나 커피, 녹차 등의 음료는 좋지 않으므로 피하는 것이 좋다. 탄산음료와 같이 당분이 많고 목에 자극이 되는 음료도 피하는 것이 좋으며, 우롱차의 경우 목에 필요한 유분까지 빼앗아가므로 목의 건강에는 좋지 않다. 목이 건조해져 쉰 소리가 나거나 소리 자체가 잘 나지 않으면, 따뜻한 물을 마셔야 한다. 감기 기운이 있다면, 비타민 C가 풍부한 감잎차나 열감을 식혀주는 메밀차 같은 차를 따뜻하게 마시면 좋다. 그러나 목에 가장 좋은 음료는 상온의 물이므로, 물을 수시로 자주 많이 마셔주는 것이 가장 좋다.

넷째, 하루에 우유 한 잔, 검은콩 우린 물을 수시로 마신다. 목소리는 건강상태와도 밀접한 관련이 있으므로, 영양분이 풍부한 음식을 섭취하는 것도 중요하다. 우유는 성대 건강에 좋은 칼슘과 마그네슘이 풍부하게 들어있다. 이때, 마그네슘이 풍부한 바나나를 우유와 갈아 마시면, 칼슘과 마그네슘의 영양 균형이 잘 맞아 더욱 좋다. 또한, 검은콩에 들어있는 식물성 단백질과 안토시아닌 성분은 성대 근육을 튼튼하게 만들어 주므로, 식물성 단백질인 검은콩 우린 물을 수시로 마셔주는 것도 목 건강을 관리하는 데 좋다.

마지막으로, 소리 내어 크게 자주 웃는 것도 도움이 된다. 소리 내어 크게 웃는 웃음은 심장 박동 수를 2배 정도 증가시켜 폐와 몸 구석에 남아있는 나쁜 공기를 신선한 산소로 빨리 전환시킨다고 한다. 이를 통해 흉곽 기능이 좋아져 목소리 노화를 예방할 수 있다.

목소리는 안 좋아졌다 싶을 때 바로 관리해야 한다. 이미 노화된 목소리라고 해도 방치해서는 안 된다. 목소리 노화 상태가 지속되면 성대가 완전히 닫히지 않아 음식물을 삼킬 때 기도로 음식물이 들어갈 위험이 커진다. 또한, 사레 걸림이 심해지고, 폐 기능을 급격하게 떨어뜨려 호흡장애 등을 일으킬 수 있다. 특히, 목소리 노화가 심해지면 쉰 목소리와 부정확한 발음 때문에 일상적인 대화가 어려워질 수 있으므로, 목소리 관리는 언제라도 당장 시작하는 것이 좋다. 목이 아프거나 뻣뻣할 때는 후두마사지를 하는 것도 좋다. 후두마사지 방법은 후두를 구성하는 가장 큰 연골인 갑상연골을 부드럽게 좌우로 마사지한다. 또, 갑상연골 위 부드러운 부분을 엄지와 검지로 잡고 원을 그리며 마사지한다. 한 번에 5~10분 정도면 적당하다.

노년기에도 좋은 목소리를 유지하기 위해서는 평소 발성습관뿐만 아니라, 생활습관까지 신경 쓰는 것이 중요하다. 목소리는 그 자체로 따로 떨어져 존재하는 것이 아니다. 목소리가 젊은 사람은 심신이 건강한 사람이며, 목소리의 톤 역시 밝고 건강하다. 밝고 건강한 에너지를 지닌 사람 주변에는 더 많은 사람들이 모여들게 된다. 첫 만남에서 표정과 더불어 가장 빨리 긍정적인 이미지를 만들어 낼 수 있는 것 역시 목소리이다. 이는 결국 인간관계에도 영향을 미치는 만큼, 외모를 가꾸는 것, 신체의 건강을 관리하는 것뿐만 아니라, 목소리도 젊게 관리해 즐거운 인간관계를 나누며 살자.

시너지를 불러일으키는 시니어로서의 삶, 멋지지 않은가! 몸과 마음뿐만 아니라 목소리도 젊고 건강하게, 목소리 안티에이징!

5장

액티브 시니어의 나에게 은퇴란 없다!

권혁복

한국시니어플래너지도사협회 교육이사

액티브시니어지도사

시니어플래너지도사

멈출 수 없는 시간 100대 시대를 준비하라!

65세 이상의 고령 인구가 자신의 건강 못지않게 걱정하는 요인이 무엇일까?

2010년 통계청 자료에 의하면 건강문제를 걱정하는 비율이 39.8%인데 그보다 더한 40.2%가 경제적 어려움을 호소했다. 이러한 통계는 이제 60대 이후의 삶을 장기적으로 계획하고 준비해야 하는 시대가 되었다는 것을 의미한다. 바로 100세를 넘어 이제 100대의 시대가 온 것이다.

103세에 돌아가신 강석규 호서대 명예총장은 이렇게 말했다.

"내 나이 95세, 어학공부를 시작합니다. 이유는 단 한 가지. 105번째 생일날, 95세에 아무것도 시작하지 않은 것을 후회하지 않기 위해서…."

100대의 삶을 준비하는 방법은 지금 이 시대를 사는 모든 사람들에게 주어진 화두이다. 100대 시대! 인생을 멋지게 사는 방법! 도대체 무엇일까?

30세부터 일을 시작한 나의 삶 역시 돌이켜보면 100대 인생을 잘 준비하기 위해 노력해온 삶이었다. 나의 일을 놓지 않기 위해 끊임없이 스스로 변화하고 노력해온 삶. 나 자신을 가꾸고 사랑하며 관리해온 나의 삶. 내 삶에 대해 큰 그림을 그리고 일희일비하지 않기 위해 노력해온 시간들.

18년간 근무해온 직장에서 이미 퇴직했지만 나의 시계는 멈추지 않았고, 은퇴 없는 내 인생의 일과 삶은 여전히 현재진행형이다.

내 인생의 골든타임

간혹 그런 생각을 해본다. 내 인생에 골든타임은 언제였을까? 돌이켜 '이 시절이 피크였지' 생각하다 보면 '이 시절도 나에게 절정기였는데' 하는 생각이 든다.

화장품회사에서 18년을 근무하였다. 조직 내에서 계속 승진하여 본부장까지 올라갔고 카리스마 리더십을 발휘하며, 내 젊은 시절 나의 능력을 무한 발휘한 시간이었다. 조직을 운영하는데 나의 믿음과 신뢰를 바탕으로 한 나의 동기부여 강의를 통해서 많은 직원들이 더욱 열정적으로 업무에 임할 수 있었다.

직원들의 신망과 지지가 있었기에 20년에 가까운 세월을 한 분야에서 일할 수 있었다. 사실 그 시절에는 화장품이 아닌 다른 분야에는 관심을 두지 못했고 몰입 또 몰입해 왔다고 생각한다.

그러나 시간의 흐름은 곧 시대의 흐름을 동반했다. 카리스마 리더십보다는 부드러운 리더십이 요구되는 시대, 수직적 관계보다는 수평적 관계가 더욱 발전적인 시대가 되었다. 나 역시 그러한 시대의 요구와 변화에 발맞추고 있었지만, 젊은 인재들의 계속되는 입사는 나의 입지를 조금씩 좁혀가고 있었다.

'후배들에게 자리를 내어주자.'

그렇게 나는 퇴직을 맞이했다.

직원들도 가족들도 퇴직 후 내 모습을 다소 걱정했지만 막상 나의 마음은 차라리 가벼웠다. 이제 내가 할 수 있는 다른 분야에 눈을 돌려보자.

그렇게 나의 인생 2모작이 시작되었다.

내 인생의 2모작

'내가 잘 할 수 있는 일이 무엇일까?'

생각할수록 마음속에서는 걱정보다 설렘이 생겼다. 계속 해왔던 것은 직원들에게 대한 교육과 강의들. 이것을 조금 더 전문적으로 배워야겠다는 결심이 생기던 무렵 전문강사 교육을 받게 되었다. 그리고 강사로서 공부할수록 나의 전문성을 더욱 심화할 수 있는 것들을 찾고, 나의 능력을 다른 사람에게 보여줄 수 있도록 해야겠다는 계획을 갖게 된다. 그렇게 은퇴 후 몇 종류의 자격증을 취득했다.

'이미지컨설턴트, 진로직업큐레이터, 에니어그램, 레크리에이션지도사, 웃음치료사, 액티브시니어지도사, 코칭리더십'

교육의 과정과 학습하고 실습하는 시간은 쉽지 않았지만, 회사생활을 할 때와는 다르게 다양한 분야에서 나의 능력을 심화할 수 있는 기회를 내가 스스로 만들어야 했고 내가 찾아야 했다. 나의 2모작은 계획도 실행도 오로지 나의 의지에 의해서만 이루어지는 것이었다.

나의 초기 강의 주제는 주로 '워킹맘의 일과 가정의 양립'에 관한 것들이었다. 나의 경험을 젊은 엄마들에게 전해주며 힘을 줄 수 있는 강의. 무엇보다도 같은 고민을 갖고 있는 워킹맘들을 공감해줄 수 있다는 것이 행복했다.

이것만으로 만족할 수 없었다. 나의 경험만을 나누기에는 더 목말랐고 더 깊이 있는 강사가 되고 싶었다. 과거의 경험만을 나누고 싶어서 강사를 시작한 것은 아니라는 생각이 들었다. 전문적인 나의 분야를 찾아야 했다.

좋아하는 것을 잘하는 것으로 깊게 판다

20여 년을 화장품회사에서 근무하기도 했지만 나는 워낙 젊은 시절부터 패션, 디자인, 이미지 등에 관심이 많은 편이었다. 그랬기에 긴 시간을 화장품회사에서 더욱 즐겁게 일했다. 관심 있는 분야와 관련 있는 회사였기에.

나의 강의 분야 역시 이렇게 확대된다. 내가 관심 있는 분야로의 확장.

| 이미지컨설턴트 |

퍼스널컬러 진단 컨설팅과 이미지컨설팅. 이것이 나의 주된 강의 내용이 되었다. 자신이 가지고 있는 신체컬러와 조화를 이루는 컬러를 컨설팅하여 생기있고 건강해 보이도록 하는 개개인의 색을 찾아주는 퍼스널컬러 컨설팅. 그리고 이를 바탕으로 이미지메이킹을 어떻게 할 것인지, 취업을 원한다면 면접 준비는 어떻게 할 것인지를 함께 컨설팅해주는 전문가. 이것이 나의 커리어가 되었다.

경력이 쌓이면서 다양한 곳에서 강의 일정이 잡혔고 우리나라 여성들뿐만 아니라 다문화 이주여성을 대상으로 한 강의도 많이 잡히게 되었다. 타국에서 외로움을 느끼고 여러 가지 어려움을 느끼고 있던 이주여성들에게는 더욱 반응이 좋아서 각지의 다문화센터로부터 재강의 러브콜을 받기도 하였다.

권혁복 강사 프로필

- 다문화 이주여성 대표강사
- 이주여성디딤터 외래강사
- 서울대학교병원 암정보센터 강사
- 취업, 박람회 이미지컨설턴트
- 퍼스널컬러 컨설턴트
- 액티브시니어플레너지도사

강사 프로필, 경험이 쌓여 경력이 된다

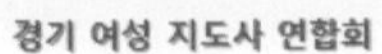

경기 여성 지도사 연합회

광명 여성 비전 센터

강의 모습

멈추지 않고 계속 가기 위한 노력

이제 나는 전문성의 기초를 다지기 시작했다고 생각한다. 발전이란, 토대를 다진 뒤에 세워지는 무언가가 있어야 하는 것이다. 지금까지의 경험과 나의 토대 위에 무엇을 세워야 나의 2모작이 성과를 거두고 3모작을 시작하는 바탕이 될 수 있을 것인가? 그것에 대한 고민이 나를 오늘로 이끌었다.

나의 삶 재설계는 한 번에 끝나는 것이 아니다. 끊임없이 큰 그림을 그려보고 계획을 세워보고 나의 생애를 어떻게 이끌어 갈 것인가에 대해 고민한다. 그리고 액티브 시니어라는 화두를 맞이하게 되었다.

나의 삶과 맞닿아있고 40년 이상의 삶을 함께 만들어가고 싶은 마음으로 배우고 강의하며 끝없이 다시 도전하고 있다.

• 중국의 샤오미 회장 레이쥔이 150억을 넘게 투자하여 국제청년아파트를 만들어 여러 세대가 협력하며 창업을 서로 도울 수

있게 한다.

- 삼성전자 부사장, 신한은행 부행장 등 시니어네트워크로 이루어진 회사에서 스타트업을 지원하는 일을 하며 실패 리스크를 줄이기 위한 멘토링을 한다.
- 국내 유명 기업에서 시니어 일자리를 창출하기 위해 사업을 육성하고 일자리를 제공하며 함께 시니어 일자리를 만들어가자고 캠페인을 한다.

시니어가 액티브하게 이 시대를 살아갈 수 있도록 하는 분위기는 이미 조성되고 있다. 나의 마음이, 의지가 중요하다.

중요한 것은 관계이다

40년 이상의 삶을 준비하기 위해서 노력해야 할 것은 무엇일까?

지금까지의 삶에서도 느껴지는 것이지만 인생은 혼자 사는 것이 아니기에 관계가 중요하다. 서로에 대한 배려와 존중이 없다면 관계는 절대 유지되지 않는다. 특히나 우리 사회에서는 서로의 관계에 대한 중요도가 더 크다. 같은 말을 해도 어떤 관계에 있느냐에 따라서 그 의도가 좋게 전해질 수도 있고, 오해되거나 왜곡되어 의미가 전달될 수도 있다. 관계가 좋으면 내용은 마음과 마음으로 전달된다. 하고자 하는 말과 전하고 싶은 생각이 마음과 마음으로 전달되기 때문이다.

그러므로 좋은 관계를 형성하고 그것을 유지하는 것이 우리의 노후에 있어서는 매우 중요하다.

공감적 듣기

사람은 누구나 상대방이 자신의 말에 귀 기울여 들어주고, 자신을 이해해주기를 바란다. 이처럼 상대방의 감정이나 생각을 이해해 주는 행동으로서의 듣기가 공감적 듣기(empathetic listening)이다. 자기 말을 잘 하는 사람보다는 내가 이해받기를 원할 때 나를 이해해주는 사람, 즉 공감적 듣기를 잘 하는 사람을 우리는 좋은 사람, 너그러운 사람으로 인식한다. 공감적 듣기를 잘 하는 것은 관계를 맺고 유지하는 데 기본이다.

공감적 듣기란 상대의 말을 분석하거나 판단하는 데 목적이 있는 것이 아니라 감정이입의 차원에서 상대의 생각이나 감정을 깊이 있게 이해하려는 것이 일차적인 목적이다.

공감적 듣기에는 소극적인 태도와 적극적인 태도가 있다. 소극적인 태도는 말하는 사람이 자연스럽게 자신의 생각을 이어갈 수 있도록 고개를 끄덕거리거나 맞장구쳐 주는 정도로 반응하는 것이다.

적극적인 태도는 말하는 사람의 말을 요약, 정리해주고 말하는 이가 문제를 해결할 수 있도록 보다 적극적으로 도와주는 것이다.

공감적 듣기를 위해서는 세 가지 기술이 필요하다.

① **집중하기 기술** 자연스러운 자세와 적절한 눈맞춤으로 자신이 이야기를 듣고 있음을 보여주는 것이다. 이야기를 들으며 미소를 짓거나 고개를 끄덕여주는 것, "정말?" 등의 반응으로 집중한다.

② **격려하기 기술** "더 이야기해봐!" "그래서 어떻게 됐어?" 등의 말로 이야기를 이끌어가거나 질문하면서 듣는 것이다.

③ **반영하기 기술** 자신이 이해한 말로 요약해서 다시 이야기해주는 방법이다. 상대의 이야기를 자신이 어느 정도로 이해했는지 반응한다. 이를 통해서 상대방도 자신의 생각을 정리하도록 할 수 있다. 그리고 보다 객관적인 시각을 갖도록 도와주어 문제 해결에 도움이 되기도 한다.

상우: 나 아버지하고 갈등이 너무 심한 것 같아.

준영: 무슨 일 있었어? (화맥 조절)

상우: 우리 집은 11시가 통금이거든. 어제 10분 늦게 들어갔는데 화부터 내시는 거야. 내 말은 들어보지도 않고.

준영: 그랬구나. 그래도 11시가 통금이라며…. (객관적인 시각)

상우: 그것도 아버지 일방적으로 정한 것이지. 그리고 어쩌다 늦을 수 있는 거 아니야? 무조건 화부터 내니까 도대체 대화를 할 수가 없더라.

준영: 무조건 11시 통금을 일방적으로 정해 놓고 꼭 지키라고 강요하는 것이 불만인 모양이구나. (요약 정리)

무의식적으로 말하는 사람의 이야기를 판단하고 비판하면서 듣게 되고 자기가 듣고 싶은 대로 듣게 되는 경우가 흔하기에 공감적 듣기를 잘 하기 위해서는 있는 그대로 듣는 연습을 해야 한다. 말하는 사람의 입장에서 함께 생각해보면서 잘 들어주는 것. 그것이 바로 공감적 듣기이다.

소통하는 시니어가 되는 법

서로 기대어 人(사람)이 만들어지듯 사람은 혼자서 살아갈 수 없다. 관계를 맺고 유지하며 살아가기 위해서는 세대를 막론하고 소통할 수 있는 힘이 있어야 한다.

앞서 이야기한 공감적 듣기, 잘 듣는 것이 중요한 한 방법이고 주변 관계 맺은 이들과의 소통에 대한 고민도 우리 시니어에게 중요하다.

우리 가족은 네이버 밴드를 활용하여 하루에도 몇 번씩 소통한다. 최근 활성화된 SNS는 장단점이 있겠지만 가족밴드를 적절하게 활용하면 아이들과 함께 소통할 수 있는 좋은 방법이 된다. 아들, 딸은 물론이고 사위까지 밴드를 통해 사진을 공유하고 서로의 생각을 나눈다. 함께 정하고 싶은 사안이 있으면 채팅방을 이용해서 즉석 회의를 하고, 손자·손녀의 사진은 밴드 앨범에 차곡차곡 쌓인다.

자녀와의 SNS 소통은 이미 많이 대중화되어 있지만 사진이나 공지글 등을 남길 수 있는 다양한 소셜 네트워크를 적극 활용하여 가족의 시간을 함께 공유해보자. 소통에 도움이 되고 관계 회복 및 발전에도 도움이 된다.

그러나 여기서도 공감적 듣기는 중요하다. 하고 싶은 말만 남기기보다는 가족들의 이야기를 존중해주고 소통을 위한 SNS라는 것을 늘 잊지 말아야 한다.

가족은 물론이고 지인들과의 소통에 있어서 가장 중요한 것은 역시 '말'이다. 서로의 다름을 존중할 수 있는 말, 상대방의 기분을 고려한 우회적인 표현들, 상대방에게 힘을 줄 수 있는 칭찬하는 표현들이 천천히 쌓여서 우리의 관계를 지탱해준다.

직장 동료들, 그리고 부부간에도 "수고했어", "고마워"라는 말은 듣는 사람을 행복하게 해주는 말이다. 자신의 수고로움과 노력을 인정해주는 이 말이 더 큰 힘을 주고 계속해서 노력하게 만든다. 그뿐만 아니라 "좋은 생각이야", "함께 해보자"라는 말도 인정받고 동료의식을 느끼게 하여 상대로 하여금 적극적인 문제해결 의지를 갖도록 도와주는 말들이다.

소통을 위해 상대방을 존중하는 것만큼 중요한 것은 '나' 스스로에 대한 자신감이다. 소통하려는 내가 주눅 들어있으면 관계는 제대로 형성되지 않는다. 세대 차이에 대한 불안감이나 나이에 대한 불안감은 말 그대로 기우(杞憂)이다. 우리가 살아온 삶 자체가 젊은 세대에게는 멘토링의 소재가 되고 도움의 손길이 될 수 있기 때문이다.

70대의 인턴이 30대 사장이 운영하는 회사에 인턴으로 입사하여 든든한 지원군이 되어준다는 영화 〈인턴〉에 이러한 대사가 나온다.

"Experience never gets old(경험은 결코 늙지 않는다)."

때로는 칭찬을 해줄 수 있고 때로는 조언을 해줄 수 있는 것도 우리의 경험이 있기 때문이다. 이것이 나에게, 우리 시니어에게는 가장 큰 자산이 된다. 이 경험은 정말 돈을 준다고 해도 살 수 없는 나의 온전한 삶이기 때문이다.

내가 살아온 삶에 대한 자신감을 갖고 주변 사람들과 관계 맺으며 소통하고, 나의 꿈을 위해 새로운 도전을 계속하는 삶.

나에게 은퇴는 없다.

누군가 나에게 인생을 멋지게 사는 방법을 묻는다면 나의 이야기를 풀어낼 수 있도록 후회 없이 나의 삶을 만들어가는 것이 또 하나의 지향이다.

[참고문헌]

– 임칠성 외, 〈말꽝에서 말짱되기〉, 태학사, 2011.

6장

그림으로 당신 마음을 읽을 수 있다고요?

송지영

한국시니어플래너지도사협회 교육이사

From me. Edu. Academy 대표

도형심리상담학회 이사

교류분석상담연구원 연구위원

연세대학교 미래교육원 시니어플래너지도사과정 강사

성균관대학교 커뮤니케이션학과 석사

거 참, 인생 참 외롭네!

[사례 1] 자녀 독립 후 혼자 사는 주부

이름: 김경옥(가명) 성별: 여 나이: 63세 직업: 요양보호간호사

현 상황: 일찍이 이혼하고 홀로 두 아이를 키움. 현재 아이들 모두 독립한 상태이며 혼자 생활함. 건강에 관심이 많음. 최근 감정 기복이 심하고 눈물이 잦아지며 우울감과 외로움 호소. 사람 만나는 게 싫다며 외출이 줄어들고 만사 의욕이 없음.

띠리리리~~~~ (전화벨)

딸: 엄마, 왜?

엄마: 예는 엄마가 전화했는데 뭐가 왜야? 딸내미가 전화 없으니 엄마가 한 거지. 밥은 잘 먹고 다니니? 건강관리 잘해야 돼. 물도 찬물보다는 미온으로 마시고 너는 몸이 차니까 저녁에는 꼭 족욕 20분씩 하고, 그리고 너 너무 짜게 먹어. 엄마도 고혈압이잖아….

딸: (엄마의 말을 자르며) 엄마, 또 잔소리, 나 바빠. 나중에 통화해(딸각).

엄마: 에휴~(깊은 한숨)

60대 경옥 님은 혼자 사는 딸이 걱정되어 전화를 하지만 언제나 바쁜 딸과는 제대로 통화하기 힘들다. 요즘 가족과의 소통이 잘 안된다지만 아이가 직장을 다니며 독립해 나간 이후로는 더더욱 대화하기가 쉽지 않다. 오늘도 경옥 님은 홀로 식탁에 앉는다. 젊었을 때는 그 맛있던 음식도 요즘은 영 입맛이 없다. 식구도 없으니 찬도 없다. 남편과 헤어진 지 오래… 홀로 자식을 키우기 위해 정신없이 뛰어다녔고 세월이 어떻게 흘렀는지 모르게 달려왔다. 어느덧 이제는 자식들이 분가하고 혼자 덩그러니 남아있다. 자식들에게는 폐 끼치지 않는 부모가 되고 싶어 건강관리에 누구보다 신경 쓴다. 고혈압약에 비타민, 오메가3, 프로바이오틱스, 글루코사민 등 건강기능보조제품도 꼬박 챙겨 먹는다. 저녁에는 집 앞 공원도 한 바퀴씩 돈다. 일은 요양 간호사로 활동하며, 거동이 불편하신 어르신들을 돕고 있다. 일요일에는 교회도 나가며 종교생활도 열심히 한다.

그러나 하루 일과를 마치고 돌아오면 아무도 없는 텅빈 집이 한없이 쓸쓸하다. 그 적막함이 싫어 TV를 켜본다. 그런데 아… 외롭다, 주변엔 아무도 없는 것 같다.

[사례 2] 명퇴 후 싸움이 잦은 부부

이름: 이정남(가명) 성별: 남 나이: 62세 직업: 무직

현 상황: 정남 님은 젊은 시절 그 누구보다 성실하고 부지런한 가장이었다. 많지 않은 월급으로 4식구가 생활하기엔 빠듯했지만 그래도 나름 잘 살아왔다고 자부한다. 몇 년 전 회사가 어려워지면서 권고사직을 받은 후 쫓기듯 회사를 나왔다. 나온 후 창업 세미나에 다니며 이것저것 알아보다 야심 차게 치킨집 창업에 도전했다. 매일 밤 닭 튀기는 것도 힘들었지만 열심히 해도 월세와 재료비를 제하고 나면 크게 남는 것도 없다. 인건비 줄인다고 혼자 이 고생 하면서 한 달에 돈 200만원도 못 가져가니 속상하기만 하다. 설상가상으로 본사의 이미지가 실추되는 사건으로 매출이 급감하고 밀리는 월세를 감당하기 힘들어서 2년 만에 문을 닫았다. 퇴직금 8천만원이 모래가 손가락 사이로 빠져나가 듯 스르르 없어졌다. 그 후로 저녁에는 친구들과 매일 술을 먹고 얼큰하게 취해서 늦게 귀가한다. 아침부터 부인의 잔소리가 시작된다.

부인: (짜증 섞인 목소리로) 내가 못 살아… 퇴직금 그렇게 날렸으면 사람이 좀 정신을 차리고 다시 일을 알아볼 생각을 해야지~그렇게 허구한 날 술이나 퍼마시고 잘 하는 짓이다. 집에 좀 있지 말고 좀 나가, 보기 싫으니까….

남편: 여편네가 드세서 남자 기를 죽이니까 될 일도 안 되지. 다 너 때문에 안되는 거야. 에이, 진짜(문을 쾅 닫고 집을 나섬).

정남 님은 화가 나서 집은 나왔지만 아침부터 갈 데가 없다. 슈퍼에서 막걸리 하나랑 소시지 하나를 사 근처 공원에서 한잔한다.

앞 두 사례의 김경옥 님과 이정남 님은 그동안 그 누구보다 열심히, 성실히 인생을 살아온 평범한 시니어들이다. 그런데 지금 도대체 뭐가 문제인 걸까? '인생은 고(苦)'라지만 왜 이렇게 인생은 예전이나 지금이나 힘들기만 한 걸까?

경옥 님을 처음 봤을 때 얼굴에 표정이 거의 없었다. 자식새끼들 다 필요 없다며 삶의 의욕이 없다고 하였다. 인생이 너무 쓸쓸하고 허하다고 했다. 그래서 경옥 님의 심리상태를 도형 그림을 통해 살펴보았다.

도형 상담이란?

도형 상담이란 내담자에게 4가지 도형(○, △, ㅁ, S)을 그리게 한 다음 도형의 위치, 크기, 배열형태에 따라 내담자의 심리상태를 파악하여 치유하는 마음 테라피 프로그램이다.

자, 그러면 잠시 독자 여러분도 한 번 그려보자! (펜 한 자루만 있으면 누구나 다 할 수 있다.)

• 그리는 방법 •

1. (○, △, ㅁ, S) 중에서 가장 마음에 드는 한 가지를 골라 크기나 위치에 구애 없이 그리고 싶은 대로 3번 그린다.
2. 나머지 도형 3개는 한 번씩만 그린다.

여러분도, 마음에 드는 도형을 그려보셨나요?

제일 마음에 드는 도형을 3번 그리라고 했을 때 사람마다 선호하는 도형이 각각 다르다.

어떤 사람은 동그라미를 또 어떤 분은 세모를 또는 에스나 네모를 선택하는 사람도 있다. 그 모양의 도형이 좋은 이유는 그 도형의 상징 에너지와 자신 내면의 성향이 공명하기 때문에 그 도형이 마음에 드는 것이다.

3번 그린 도형을 주요기질, 1차 기질이라고 부르는데 사람 안에는 4가지 성향의 기질이 모두 있지만 주로 1차로 고른 도형의 성향을 메인으로 하여 살게 된다. 도형을 먼저 세 번 그리는 이유는 숫자 3은 동서양을 막론하고 완전함을 상징하기 때문이다. '육체·영·혼', '탄생·삶·죽음', '처음·중간·끝'을 의미하며 도형에서는 3번을 그림으로써 그 사람의 과거, 현재, 미래를 표현하게 된다.

도형 상담을 하면서 정말 신기하건, 사람들이 자신의 성향대로 도형을 고르고, 또 해당 도형의 장단점이 그 사람 성향에도 정확하게 묻어나오는 점이다.

1차 기질로 동그라미나 에스를 선택한 사람들은 곡선 패턴을 선호하는 사람들이다. 이런 사람들은 주로 정감형들로 대인 관계에 관심이 많으며 공감 능력이 아주 좋은 편이다. 또 사람을 좋아하는 만큼 사람에 대한 상처를 자주 받기도 한다. 감정의 기복도 심한 편이라 하루에도 기분이 변화무쌍하다.

이에 반해 세모나 네모처럼 직선을 선호하시는 분들을 이성적이고 논리적인 분들이다. 어떤 판단을 할 때 감정에 휩쓸리지 않고 최대한 이성적으로 하려고 하며 일처리 방식도 단계적이고 체계적으로 정해진 순서에 맞추어 하는 걸 선호한다. 정리정돈을 잘하는 편이며 사람의 말을 믿기보다는 정확한 자료와 데이터를 신뢰하는 분들이다.

자 그러면 4가지 도형 성향에 대하여 좀 더 자세히 알아보자.

1) 동그라미 선호형 – 다정하고 따뜻한 사교형

장점

1. 다정다감하며 따뜻하다.
2. 이야기하는 것을 좋아하며 대화시 리액션이 좋다.
3. 상대방의 기분 파악을 잘하며 유쾌하고 사교적이며 붙임성이 좋다.
4. 감정변화가 빠르며 감성적이고 열정적이다.
5. 마음에 나쁜 것을 오래 두않으며 다툼이 일어나도 먼저 털어버린다.

단점

1. 의지가 약하고 현실이 어려워지면 도중에 포기한다.
2. 이것저것 시작은 잘하나 끝까지 하는 끈기가 부족해 전문성이 떨어질 수 있다.
3. 대인관계에 예민하여 사람으로 인한 감정 기복이 심하며 상처를 잘 받는다.

2) 에스 선호형 – 예술적이며 자유분방한 사색형

장점

1. 다재다능하며 창조성, 예술성, 영성이 발달해 있다.
2. 생각이 깊고 상상력과 아이디어가 풍부하다.
3. 직관이 있으며 자기 성찰을 잘한다.
4. 자기가 좋아하는 분야에 한해서는 완벽주의적 성향이 있다.
5. 센스가 있으며 남들이 보지 못하는 것을 보는 안목이 있다.

단점

1. 부정적 생각이 많고 상처를 받으면 마음속에 깊이 품고 회복이 잘 안 된다.
2. 혼자 일하는 것을 선호하며 조직 생활이나 팀워크에 약하다.
3. 재능은 많으나 근기가 부족하여 한 가지 특출난 게 없을 수 있다.

3) 세모 선호형 – 자신감 있고 목표지향적인 주도형

장점

1. 의지가 강하며 무에서 유를 만들어내는 능력이 있다.
2. 자신감과 결단력이 있으며 자립심이 강하다.
3. 생산적 사고를 잘하며 현실적이고 계산에 빠르다.
4. 추진력과 강하며 부지런하다.
5. 리더십이 뛰어나며 모임을 리드한다.

단점

1. 자만심이 강하며 다른 사람의 충고를 받아들이지 않는다.
2. 성격이 예민하며 자기 뜻대로 안 되면 공격적으로 화를 낸다.
3. 상대방의 기분을 배려하지 않고 직설적으로 표현한다.

4) 네모 선호형 – 신중하며 책임감 있는 안정형

장점

1. 성격적으로 진솔하며 진중하고 차분하다.
2. 서두르지 않으며 배우고 가르치는 것을 좋아한다.
3. 소속감을 중요하게 생각하고 책임감이 강하다.
4. 원리 원칙적이며 안정적으로 공동체를 끌고 가는 지도력이 있다.
5. 윗사람에 대한 예의가 바르며 정리정돈을 잘한다.

단점

1. 우유부단하며 추진력이 떨어져서 타이밍을 놓친다.
2. 보수적이라 새로운 것을 쉽게 받아들이지 못한다.
3. 내성적이며 융통성이 없어서 답답해 보일 수 있다

다음은 1차 기질 도형 배열형태에 따른 성격을 분석해 보겠다.

배열형태 1. 분리형: 각각의 도형을 떨어뜨려서 그림

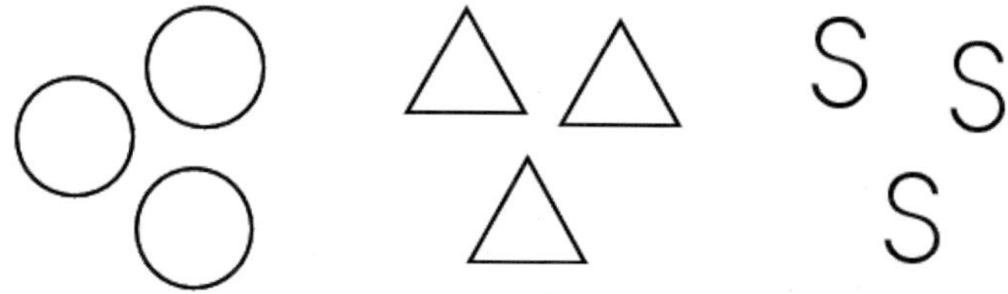

1. 이처럼 세 개가 서로 떨어져 그리는 경우 순수하며 타인의 영향을 잘 받는다.
2. 환경적 이유로 자신의 능력을 발휘하지 않으므로 자신의 능력이 미개발, 저개발에 머물 수 있다.

3 인간관계나 사물과의 관계가 종합적이지 못하고 단순하게 연결될 가능성이 있다.

4. 자신에게 발생한 현 상황의 문제만 고민하다.
5. 개선 사항을 알았다고 한 번에 달라지는 것이 아니므로 반복을 통해 습관으로 만든다. .

배열형태 2. 중복형: 각각의 도형을 겹쳐서 그림

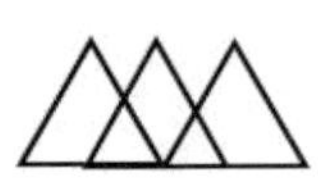

1. 적극적이며 결단력이 있다.
2. 기회 포착을 잘한다.
3. 어떤 분야에서 탁월한 능력을 발휘한다.
4. 사람 속에서 일하는 것을 좋아하며 관계성을 중요하게 생각한다.
5. 끈기가 부족하다.

배열형태 3. 몰입형: 각 도형을 과녁 형태처럼 몰입해서 그림

1. 집중력과 반복학습을 잘한다.
2. 인내심이 탁월하다.
3. 열심히 살아왔으며 맡은 바 일을 성실히 해낸다.
4. 끊임없이 자기 계발을 하며 자격증 취득을 좋아한다.
5. 외로움을 깊이 탄다.

배열형태 4. 조사형: 각 도형을 서로 붙여서 그림

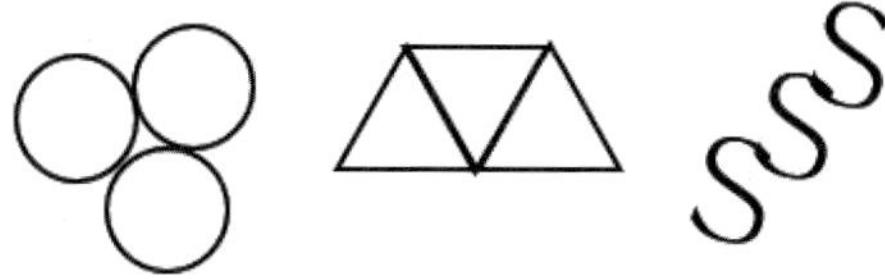

1. 머리가 총명하다.
2. 분석능력이 좋아 관찰, 해석, 적용을 잘한다.
3. 논리적이며 지적 에너지가 높다.
4. 중요한 판단에 있어서 심사숙고한다.
5. 실수를 하지 않으려는 성향 때문에 결단력과 실천력이 부족하다.

배열형태 5. 단일형: 같은 도형을 3번 반복하여 하나처럼 그림

1. 천재형으로 지능지수가 높으며 천재적인 재능을 갖고 있다.
2. 목표를 정하면 포기하지 않는다.
3. 약자에겐 강하고 강자에겐 약하다.
4. 뛰어난 능력으로 다른 사람에게까지 영향력을 끼친다.
5. 500명 중 1명의 비율로 있다.

배열형태 6. 드문형: 각 도형을 부분적으로만 그린 경우

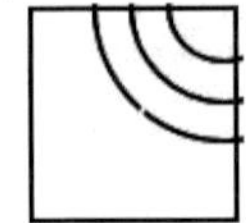

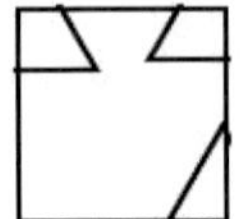

1. 상상력이 뛰어나며 훌륭한 아이디어를 가지고 있다.
2. 일상적인 삶을 싫어하며 보통 사람들과 잘 어울리지 못한다.
3. 복고적이며 미래 지향적인 생각을 갖고 있다.
4. 순수하다.
5. 감동적인 모습을 전하고자 한다.

그림을 통해 상대방의 마음을 엿보다!

위의 그림은 첫 번째 사례의 주인공인 김경옥 님의 도형 그림이다. 여러분은 이 도형을 보며 어떤 인상을 받는가? 전체적으로 그림이 단조로우며 아래로 가라앉아 있고 배열도 두 줄로 나란히 늘어놓은 형태이다. 주로 사람이 에너지가 없거나 지치면 이런 형태로 그린다.

경옥 님의 1차 기질은 동그라미 유형으로 기본적 성향은 다정다감하며 따뜻하고 사람에 대한 배려와 애정이 있는 분이다.

이야기하는 것을 좋아하며 대인관계에 예민하여 사람 때문에 울고 웃고 하는 분이다. 그러나 현재는 전체적으로 에너지가 약해 쉬고 싶으며 가라앉은 느낌으로 약간 우울하고 부정적인 성향이 있는 것으로 보인다. 원래 성향 설명과 함께 최근에 좀 많이 지쳐 예전 같지 않다고 하자 많이 공감하셨다. 경옥 님은 현재 많이 우울하고 감정 기복이 심해서 비관적인 생각을 많이 한다며, 자식을 다 키워나 봐야 아무 소용없고 이제 늙으니 주변에 아무도 없는 것 같아 인생이 너무 허무하다고 한탄했다.

경옥 님이 현 상황을 너무 비관적 안경을 쓰고 바라보는 것 같아 그 안경을 벗겨드리는 작업을 시행했다. 자신을 있는 그대로 수용하기 위해서 장점 찾기 훈련과 현재 내가 감사할 수 있는 조건은 무엇이 있는지 감사일기를 써오도록 안내했다. 또 자녀에게 너무 집착해서 실망했던 마음을 바라보게 하고 성인이 된 자녀와 마음으로 독립하기, 그렇지만 주말에는 같이 만나 식사하기 등 우울하게 혼자 집에만 있는 게 아니라 적극적으로 '지금 내가 할 수 있는 일'들을 찾아 하도록 도와드렸다.

다행히 지금은 부정적 에너지에서 긍정적 에너지로 많이 전환되어서 한결 가벼워진 마음으로 운동도 하고 봉사활동도 다니며 예전 모습으로 돌아온 것 같다며 미소 짓는다.

[그리는 모양]

○ △ □S 중에서 가장 마음에 드는 것을 1가지 골라 아래 그림 안에 크기나 위치에 구애 없이 3번 그립니다. 나머지 도형 3가지는 1번씩 자유롭게 그립니다.

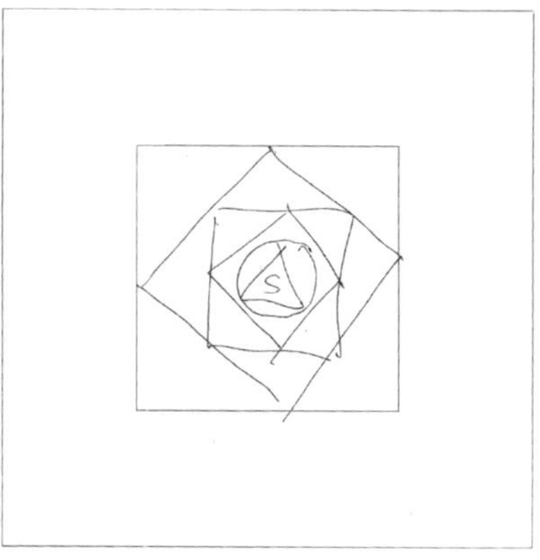

[그리는 모양]

○ △ □S 중에서 가장 마음에 드는 것을 1가지 골라 아래 그림 안에 크기나 위치에 구애 없이 3번 그립니다. 나머지 도형 3가지는 1번씩 자유롭게 그립니다.

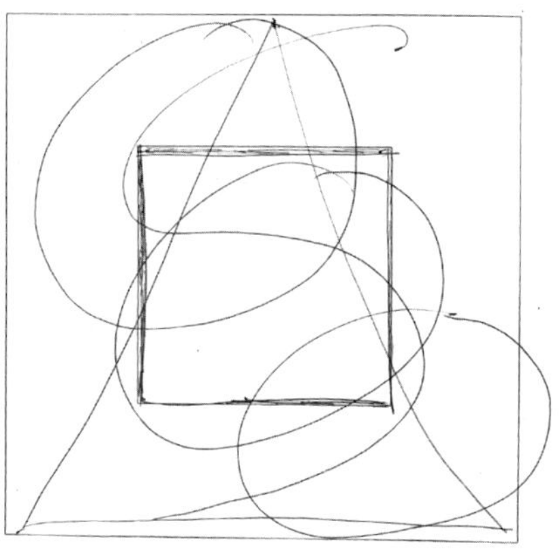

위 그림은 두 번째 사례인 이정남 님(위쪽)과 그의 부인(아래쪽)의 그림이다.

그림에서 보면 정남 님은 모든 도형을 작은 네모 안에 가두어 현재 많이 위축된 상태임이 드러난다. 이에 비해 부인은 도형도 크고 적극적으로 겹쳐 있는 것으로 볼 때 에너지가 상당하고 자기표현도 거침없이 할 수 있는 상황으로 보인다. 그러나 전체적으로 그림들이 복잡하고 날카로운 것을 볼 때 까칠할 것 같은 느낌도 든다. 세모가 커서 능력도 있고 현재 자신만만한 기운이 느껴진다. 그러나 네모를 여러 번 스크래치로 그린 것으로 보아 가정에서 스트레스를 받는 것으로 판단된다. 전체적으로 볼 때 남편은 네모 성향이어서 표현하기보다는 억누르는 상황이고 이에 비해 부인은 너무 거침없이 말해 상대방이 상처를 받을 수도 있겠다고 느껴졌다. 서로의 그림을 보면서 이제야 서로를 조금 더 이해할 수 있겠다고 하며, 남편은 조금 더 적극적으로 구직 활동을 하기로, 아내는 그런 남편을 지지하고 공감해주며 부드럽게 대화하기로 하였다. 두 시니어 부부의 행복한 일상을 상상해 본다.

그동안 너무나도 열심히 살아오신 시니어들이 인생의 부침에 굴하지 않고 회복하며 성장해 가는 아름다운 모습들을 본다. 당신이 내 옆에 있음이, 오늘도 이렇게 살아있음이 행복하지 않은가!

7장

다시 사춘기로 시작하는 액티브 시니어, 나를 디자인한다

윤희숙

한국시니어플래너지도사협회 교육이사

한국드림플래너협회 이사

동국대학교 평생교육원 시니어플래너지도사과정 강사

적십자 심리사회적지지(PSS) 전문가

사회복지공동모금회 나눔 강사

인천교육청 진로디자이너 강사

인생을 리디자인하다

열네 살 소녀의 사춘기는 볼이 발그레 달아오르고 봄에 연분홍 진달래가 잎보다 먼저 꽃망울을 터트리는 것처럼 성급하게 찾아온다.

진달래꽃이 하나둘 꽃봉오리를 열면 사방이 온통 꽃 천지가 되는 이른 봄의 풍경은 앙상한 가지만 남아 있던 겨울로부터 한순간에 계절을 봄으로 데려와 준다. 그리고 꽃이 질 때쯤 비로소 이파리가 돋아나기 시작해, 한 달 사이에 신록이 넘실거리는 신천지를 만들어 놓는다. 그렇게 소녀는 어느새 처녀가 되고 여인이 되고 엄마가 되어 갔다.

아이들은 '엄마는 처음부터 엄마'라고 생각한다. 하지만 아이들이 엄마도, 아장아장 걸음마를 하며 말을 배우던 때가 있었고, 사춘기를 보내며 부끄럽고 수줍던 시절이 있었다는 걸 아는 나이가 되면, 엄마는 이미 인생의 황금기를 넘어선 나이가 되어 있다.

어느덧 지천명에 도달한 내가 건너온 시간들이 주마등처럼 지나간다. 그리고 갱년기에 이르렀다. 나는 갱년기에 고마움을 느낀다.

내가 생각하는 갱년기는 몸속에 쌓아두었던 감정들을 몸 밖으로 표출하지 않으면 언젠가 폭발할 것을 대비해 미리 신호를 보내는 것이라 생각하기 때문이다.

인생 반백년이라고 했던가, 지금 나에게는 어느 때보다 중요한 순간이다. 이제부터 온전하게 내 인생을 살 수 있는 시간이다. 물론 주변의 여건들이 따라주기 때문이다. 만약 여건이 안 되더라도 내가 만들면 그만인 것이다. 돈이 필요하면 돈을 벌면서 내가 하고 싶은 일을 하면 되는 것이고, 역량이 부족하면 주위의 도움을 받아서라도 배우면서 역량을 키우면 된다.

'하고 싶다는 열망만 있으면 무엇이든지 할 수 있다'는 생각이 간절해지면서 이제는 무엇을 두려워하랴, 하는 자신감이 나를 긍정의

나는 나만의 해바라기를 만들어 나갈 것이다.
일본 여행중에 만난 해바라기 꽃밭 속에서 나는 나만의 희망을 발견했다.

에너지로 몰아가고 있다. 평소에 늘 걱정이 많은 성격이라 내 앞에 새로운 일이 일어나면 그것을 잘 끝내기 위해서 노심초사하지만, 그래도 80% 이상 성공하면 뿌듯한 마음으로 다시 도전을 이어가는 사고를 가지고 있다.

지천명이 되면서 목표가 하나 생겼다.

'내 인생의 길을 내가 수놓으며 걸어가자'는 독립적이고 자생적인 깨달음을 스스로 실천하며 살아가야겠다는 자존감이 들기 시작한 것이다. 그러자 주변에 계신 분들도 나를 적극적으로 도와주고 응원의 손길을 보내온다. 그동안 알고 지내던 지인들도 아무것도 안 하고 있던 윤희숙이 아닌 도전하고 공부하고 행동하는 윤희숙의 모습에 박수와 격려를 보내고 있다.

인생을 살면서 행복하고 감사하다는 말이 저절로 나올 수 있을 만큼 정말 뜻깊은 일들이 이어지고 강의와 상담은 물론이고 저자로 첫발을 내딛기까지 많은 일이 동시에 일어나고 있다.

내가 적극적으로 움직이고 노력하는 모습을 보이면 이렇게 도움을 받을 수 있는데 그동안 나는 도움을 요청하지 않고 살아왔던 것 같다. 내 힘으로 뭐든지 할 수 있다는 자만이었을까? 인생은 더불어 살아간다는 말이 나에게 새삼 새롭게 들리는 시간이다.

모든 사람들과의 인연이 나에게 얼마나 소중하고 고마운지 모르겠다. 아이러니하게도 인생 갱년기에 접어들면서 그걸 깨닫게 되었다. 그러면서 새롭게 인생을 볼 회를 얻었으며 삶을 살아가는데 어느 시기에 어떻게 말과 행동을 해야 하는지 새삼 깨닫고 배우며 인생을 살아가는 느낌이다.

나는 초등학교 3학년 때의 트라우마를 극복하지 못하고 살아왔다.

동네 아이들과 싸움을 하다가 둘 다 지쳐서 녹초가 되어 집으로 돌아왔을 때 아버지가 “싸웠으면 이겨야지 왜 바보처럼 울고 왔냐”고 한 그 말이 상처가 되어 평생 치유할 수 없는 흔적으로 남아 있었다. 그때 아버지가 그런 말 대신 따뜻하게 안아 주고 아프지 않았냐고 위로해 주었다면 평생 상처를 안고 혼자서 외로움을 달래느라 마음 졸이지 않았을 것이다.

그때부터 나는 가족에게도 남에게도 눈물을 보이지 않았다. 속상해도 혼자 울었고 다 울고 난 다음에 집으로 들어가거나 사람들을 만났다. 마음속은 상처로 엉망진창인데 약해 보이지 않으려고 겉으로 강한 것처럼 행동하기 시작했다. 어느 누가 나를 보아도 씩씩하다고 했을 것이다. 강한 것처럼 남들에게 속을 들여다볼 기회를 주지 않았기 때문이다.

그러면서 나 자신을 누군가에게 보여준다는 것이 겁이 나기 시작했다. 그렇게 중학교에 다니고 고등학교를 졸업하면서도 나의 허전함은 계속 증폭이 되어 항상 다른 일에 매달리며 바쁘게 살아오지 않았나 싶다.

어쩌면 마음 한구석에 끊임없이 누군가 의지할 수 있는 사람을 만나고 싶었다고 해야 하는 것이 맞을 것 같다. 인연이 닿지 않아서일까? 아직 그런 사람을 만나지는 못하고 계속해서 내 인생의 길을 고독하게 걸어가야 할 것 같다는 생각이 든다. 물론 지금은 누구보다 나를 위로해 주고 걱정해 주며 사랑해 주는 남편이 있고 사랑이라는 의미를 깨닫게 해주는 아이들이 있지만, 인간 윤희숙이라는 존재의 의미를 갖게 하는 온전함은 나를 당당하게 세우고 보여줄 수 있을 때 가능한 일이기 때문이다.

나는 어른이 되어서도 다른 사람에게 좋은 감정 표현은 하지만 싫은 감정 표현은 하지 못했다. 쌓이고 쌓인 감정들이 내 몸속에 화로 가득 차기 시작하자, 몸이 자주 아프기 시작했다. 면역력이 약해서 생기는 대상포진이 시작이었고. 갱년기에 오는 얼굴에 홍조가 생기며 얼굴에 열꽃이 피어났다. 얼굴에 열꽃이 피기 시작하자 사람들과의 만남도 점차 줄어들기 시삭했고 약간의 우울증세가 찾아 왔다.

드디어 나에게도 제2의 사춘기思春期, 아니 사추기思秋期가 시작된 것이다. 며칠째 머리가 아프기 시작했다. 약을 먹지 않고 계속 버티고 있는데 급기야 어지럽기까지 해서 약 한 알을 입으로 털어 넣고 물을 마셨다. 30분 정도 지나면서 통증이 조금 가라앉았다. 신경성인 것 같다. 내가 지금 처한 상황에 대한 본질을 몰라서인 것 같다.

무엇을 어떻게 해야 하는지 그것이 왜 나에게 중요한지를 생각하지 않고 무작정 많을 것을 흡수하려고 이리저리 뛰어다니다 보니 실속은 없고 몸만 상한 꼴이 된 것이다. 심지어는 무엇을 배웠는지 생각이 나지 않을 정도로 지쳐 있었다.

다시 생각을 해야겠다. 조금의 휴식을 가지면서 내가 어떤 방향으로 가려고 하는지 제일 중요한 본질에 대한 것을 잊고 지금 어린아이처럼 앞으로만 걸어가고 있는 것은 아닌지, 곰곰이 자성의 시간을 가져야겠다는 생각이 들었다.

어린아이는 머리에 많을 것을 생각하지 않고 웃으면서 걷거나 달리기를 한다. 성인은 달리면서도 머리는 다른 생각을 하면서 달린다. 몇 가지 일을 동시에 하려고 하니 몸도 마음도 지칠 수밖에 없다.

마그네슘 부족으로 요즘 눈이 떨린다. 신경을 많이 쓰면 눈이 떨린다고 내 얼굴에 침을 놓는 한의원 원장이 주의를 준다. 갱년기의 꽃이라고 얼굴에 열꽃이 피기 시작한 지 2년 가까이 되었다. 그사이 내 몸의 균형이 흐트러진 것 같다. 얼굴이며 머릿결이 거칠거칠해지면서 마음의 감정까지 거칠어졌다.

무엇보다 자신감이 제일 먼저 없어져서 남에게 말을 할 때 약간 주저하게 되는 버릇이 생기기 시작했다. 아직도 누군가에게 말을 하려면 잠시 주저하다가 말을 건네게 된다. 내가 그런다고는 아무도 생각하지 못할 것이다. 남들은 옛날의 자신만만하던 나를 생각하기 때문에 내 자신감에 문제가 있다는 것을 생각조차 하지 않을 것이기 때문이다.

자신감 회복을 위해서 아침마다 복식 호흡을 하고 소리 내어 글을 읽으려고 하는데 많이는 연습하지 못한다. 갱년기 열꽃은 이제 말기인 것 같다. 얼굴색도 많이 밝아지고 몸에도 화끈거리는 열이 없어지고 있으니 나에게 자신감이 조금씩 되살아나는 징조인 것 같다.

그러고 보면 갱년기가 고맙기도 하다. 나에게 잠시 쉬어갈 수 있는 여유를 준 것 같아서 나에게 갱년기는 아름다운 인생을 살아가는 디딤돌이라는 생각이 든다. 사람마다 갱년기를 어떻게 넘기느냐에 따라 자기 인생의 2막이 달라지지 않을까 싶다.

강릉 오죽현 잔디밭 '나 이뻐졌어요' 다시 자신감을 찾아가는 출발점

나는 이제 갱년기, 아니 사추기에 피어난 연분홍 꽃을 사춘기에 피어난 진달래꽃으로 돌려주려 하고 있다. 나는 다시 시작한다. 그러려고 지금 새로운 눈을 뜨고 있다.

첫 번째는 시니어플래너지도사 자격증을 따고 무늬만 자격증 보유자가 아닌 당당한 액티브 시니어 멘토로 한발 앞서 나가는 지도자로 강사로 인정받는 일이다.

진심을 다해서 소통하고 진심을 다해 다가가는 강사와 멘토가 된다면 스스로 먼저 당당해지고 보람과 기쁨을 선물하게 될 것이다. 거기서 한 걸음 더 나가면 내 강의를 듣고 상담을 하는 아이들이나 시니어들에게 좋은 벗으로 동반자로 동행하는 멋진 순간들이 이어질 것이다.

두 번째로 시작하고 싶은 것은 시니어 패션모델이다.

꾸준히 몸매를 관리하고 운동과 식이요법을 병행하면서 시니어들만 할 수 있는 시니어 패션모델로 런웨이에 서고 공익광고 모델로도 자연스러운 이미지를 전달하는 아름다운 인생 2막에 도전해 볼 것이다.

세 번째 할 일은 작가의 길을 가는 것이다.

나의 삶, 나의 경험과 노하우, 사례들을 진솔하게 엮어서 자기계발서를 출간하고 저자가 되는 것이다. 그 첫걸음으로 이 책의 공저에

해가 진 여름 바다 모래밭을 거닐면서 바람에 몸을 맡길 때~ 을왕리해수욕장

이름을 올리고 조만간 단독 저서를 발간하여 누구에게나 인정받는 작가로 강사로 멘토로 당당하게 서고 싶다.

나는 내 인생을 다시 디자인하기로 했다.

지천명이라는 나이에 접어들고 제2의 사춘기를 시작하면서 앞으로 살아가 갈 날들에 부끄럽지 않으려고 진정한 나를 찾고 진정한 나의 존재를 발견하기 위하여 스스로 도전의 목표를 세우고, 스스로의 가치를 꾸준히 발견해 나갈 것이다. 그리고 생각할 것이다. 아름다운 청춘은 지금부터라고, 세상을 빛나게 하는 힘은 시니어의 노련한 지혜와 성숙한 노하우라고….

시니어가 되어서도 인생을 다시 디자인하지 않으면 그냥 노인으로 늙어가는 일밖에 아무것도 할 일이 없기에 나는 지금 이 순간도 소중한 꿈으로 가득 채울 수밖에 없다는 것을 스스로 주문처럼 다짐해 본다.

마음먹은 대로 생각하는 대로, 우물쭈물할 시간이 없다

젊음은 신체적인 나이로 판단하는 것이 아니라 생각의 가치로 판단하는 것이다. 물리적인 나이가 어리다고 단순하게 젊은이라고 부른다는 것은 아무런 의미가 없다는 말이다. 나이가 젊다고 하더라도 마음먹고 행동하는 것이 노인만 못한, 비겁하고 우물쭈물하는 청년들이 우글거리는 세상이다.

나의 20대 시절로 돌아가 보면 좌충우돌하면서 많은 시행착오를 겪고 실패와 방황과 갈등의 연속이었다. 그때는 그 젊음이 영원할 것만 같아서 한 치 앞을 내다보지 못한 채 앞만 보고 달렸다. 그런 시간들이 결국 많은 실패의 교훈과 좌절의 아픔을 겪게 하면서 나를 성장시키고 깨닫게 하고 부끄러움과 비겁함과 자만함을 알게 한 소중한 자산이 되었다. 이제 와 생각해 보면 그런 시행착오들이 지금의 나를 용기 있게 만드는 자산이 되었다.

나는 요즘, 마음속에서 하고 싶었던 것을 행동했을 때 스트레스가 쌓이지 않는다는 것을 실감한다. 항상 누가 시키지도 않은 책임감 때문에 무슨 행사를 할 때마다 참석을 하고 별로 실속도 없이 머릿수를 채우는 일에 초대받아도 깊이 생각하기보다 우선 몸이 움직이는 일이 많았다. 그러니 그런 모임이나 행사에 다녀오고 나면 언제부턴가 상실감이 크고 내가 도대체 뭐 하는 것인가 하는 자괴감이 들기 시작했다. 그러면서 스스로에게 질문을 던지기 시작했다.

이제 누가 나를 욕하더라도 내가 하고 싶은 것을 먼저 찾아가고, 내 마음이 시키는 대로 움직여서 미련도 후회도 없는, 아니 좀 더 솔직해지자면 실속도 있고 보람과 기쁨도 배가 되는 그런 일을 찾고 그런 사람들과 소통하는 일에 시간을 쏟자는 생각이 자리 잡기 시작했다. 그런 일을 하고 그런 사람들을 만났을 때 내 몸이 반응하여 활력을 찾고 저절로 에너지가 생기는 것을 알았기 때문이다.

힐링이 된다고 할까?

몸과 마음이 치유와 쉼과 충전을 함께 찾는 것 같은 느낌이 드는 것이다. 그러기 위해서는 많은 용기가 필요하다. 때로는 많은 것을 포기하고, 때로는 아까운 것을 버려야 할 때도 있으니까. 그러나 더 나중에 후회하지 않기 위하여 나는 마음먹은 대로, 생각하는 대로 살아가고 도전하고 행동하기로 했다. 더 나이 먹고 더 시간이 흐른 후에 덜 후회하고 아름답게 최선을 다해서 살아왔다고 스스로에게 위로와 용기를 주기 위해서….

어떤 작가는 그의 저서에서 강조했다. "인간이 그 모든 것을 알 때

쯤이면 이미 인생을 어느 정도 살아왔을 때라고." 정말 그렇다. 나 역시 불과 몇 년 전에만 해도 보이지 않던 것들이 눈에 선명하게 보이기 시작했으니 말이다. 그래서 예전에 탁발하는 스님이 지나가도 동네 아이들 관상을 다 봐주고, 공부를 많이 하고 깨달음이 깊은 선비들은 마주하는 사람들의 관상을 보고 미리 다가올 운명을 예측하기도 하고 자신이 죽을 자리를 알아차리기도 한 것이다.

아직 내가 그런 경지에 다다른 것은 아니지만 그런 지경에 이르려면 어떤 노력과 혜안이 필요한지 깨닫기 시작했다는 것이다. 그래서 머뭇거리지 않고 달려가기로 했다. 가끔은 힘에 겨울 때도 있고 또 더러는 무모하다 싶을 때도 있겠지만 지금 하지 않으면 영원히 할 수 없는 것이라고 생각되면 주저 없이 도전할 것이다. 물론 신중하게 생각하고 사려 깊게 판단하겠지만, 마음먹은 것은 결코 달라지지 않을 것이다.

요즘 수많은 자기계발서가 서점의 평대 위에서 인기몰이를 하고 있다. 언제부턴가 소설집이나 시집, 에세이집으로 메마른 감성을 채우며 마음의 위로를 던져 주던 자리가 자기계발서라는 이름으로 대형서점의 주요 길목을 차지하고 앉아서 독자들을 유혹하고 있다. 그런 책들 대부분이 이렇게 하라, 저렇게 하라, 또는 이렇게 하면 실패한다, 저렇게 하면 성공한다는 이야기들로 가득 차 있다. 세상이 그만큼 살기 팍팍하고 살벌해졌다는 방증이고 쓸쓸한 우리 사회의 자화상이기도 하다.

그런 책은 한결같이 제발 머뭇거리지 말라고 충고한다. 머뭇거리지 말고 쓸데없는 데 힘쓰지 말고 빠른 선택을 하는 것이 바람직하다고 강조한다. 그런데 그런 글을 쓰는 사람들은 정작 얼마나 그렇게 살고 있는지 묻고 싶다. 아니 그런 시간들을 얼마나 겪어 왔길래 그렇게 자신만만한지 그 사람을 만나보고 싶어진다.

사람마다 선택이나 행동을 빨리하는 사람이 있고, 실수도 많이 하지만 신중하게 선택해서 행동은 번개처럼 옮기는 사람도 있다. 쓸데없는 시간은 최소화하고 마치 지도상에서 인천상륙작전을 수백 번 반복하고 실행에 옮겼던 맥아더 장군처럼, 결단의 순간에는 용기와 자신감과 확신에 가득 차 있는 그런 사람도 있을 것이다.

나는 그동안 내가 주체였다고 생각하면서 살아오지 못했다. 항상 다른 사람의 생각대로 휘둘리고 다른 사람이 리드하는 대로 따라가는 것이 잘사는 길이라고 생각했고, 모나지 않게 더불어 사는 길이라고 생각했다.

그러나 돌이켜 생각해 보니 나라는 존재가 없었다. 결국은 나 혼자 남아 있다는 생각이 들기 시작하면서 망치로 머리를 크게 한 대 맞은 것처럼 한동안 멍하게 지내다가 번뜩 정신을 차리고 내가 가야 할 길을 찾기 시작했다.

스스로 나 잘살고 있는 거니? 가끔 자문자답을 하면서 내가 누구이고 무엇을 향해 살고 있는지 발견하기 시작했다. 그러다가도 종종 허전한 기분이 든다. 무엇인가를 목표에 두고 얼마나 열심히 달렸을까? 목표달성이 눈앞에 있을 때의 긴장감, 다른 무엇도 보이지 않고 한 곳을 향해서만 가는 나는 과연 인생을 제대로 살고 있다고 할 수 있을까?

그동안 항상 이것만 달성하면 여유 있게 살아가야지 하면서 나를 달랬다. 그러나 나의 생활 패턴은 항상 제자리를 맴돌고 있었다. 나는 무엇인가 할 때는 최선을 다하면서 내가 인정받을 수 있을 때까지 노력하는 습성이 있다. 사랑을 더 받으려고 하는 것인가? 아니면 남보다 내가 더 잘 났다고 인정을 받으려고 하는 것인가? 돌이켜 보면 낮은 자존감이 스스로를 평가절하한 것이 아닌가 하는 마음이 들 때도 있다.

그러나 남에게 미움을 받지 않고 살고 있다면 여기까지의 내 인생은 잘 살아왔다고 봐도 되지 않을까? 물론 앞으로의 인생이 더 길 수도 있지만 지금처럼만 살면 괜찮은 인생이라고 생각한다. 아는 지인이 그랬다. “희숙아 지금처럼만 살면 인생 잘 사는 거야, 실속 없는 것 같지만 나중에 다 돌아온다”고, 그래서 그런가, 몇 년 전까지만 해도 실속 없이 사는 내가 밉기도 했는데 요즘은 내 주위의 사람들이 나를 예쁘게 봐주고 인정해주며 신뢰를 해주어서 많은 활력과 용기를 얻는다.

힘이 들 때 일어설 수 있는 용기를 북돋워 주는 응원의 메시지로 다시 삶의 활력을 찾고 그래서 인생은 모른다고 하나보다. 한동안 주위 사람들 얘기에 이리 휘둘리고 저리 휘둘려서 힘들었던 적이 참 많았는데 이제는 나무가 곧고 바르게 자라도록 가지를 쳐 내는 심정으로 힘든 사람들을 멀리하기 시작했고 스트레스받는 일에는 되도록 모른 척하려고 애쓰고 있다.

젊었을 때는 사람 욕심이 많아서 모든 사람들이 나를 좋아한다고 생각했던 내 자만이 스스로를 힘들게 하고 상처받게 하였다. 이제 나이가 들어 좋은 것은 모든 사람들이 나를 좋아하지 않고 내가 알고 있는 사람들 중에 절반만 나를 좋아해도 행복하지 않을까 하는 마음이 들면서, 나에게 삶의 여유와 행복을 주는 것이다.

내 몸에게도 항상 감사의 마음을 가지려고 노력하고 있다. 아직은 가끔에 그치지만 할 수 있는 아침이면 눈을 뜨고 제일 먼저 나의 몸에게 '고마워~ 오늘같이 수고하자'는 말로 하루를 시작한다.

나는 공부를 하거나 한 가지 목표에 도달하기 전까지 집중하느라 내 몸에 영양을 제공하지 않기 때문에 내가 목표를 잡아서 움직일 때는 내 몸이 시달려야 했다. 앞으로는 밥 먹는 시간이 아까워서 대충 먹었던 일들을 조금씩 여유를 갖고 내 몸에게 영양분을 골고루 주면서 건강한 모습으로 앞으로의 남은 50년을 동행하려고 한다.

나는 어려서부터 아무것도 하지 않을 때가 가장 집중력이 높고 새롭게 시작하려는 일의 효율성도 극대화되는 특징을 가지고 있다.

강박관념이라고 해야 하나, 아니면 어렸을 때부터 살아오면서 가만히 있지 못하는 습관이라고 해야 하나, 가만히 있는 게 더 힘들 때가 있었다.

중학교 다닐 때부터 잠자는 시간이 죽어 있는 것이라고 생각해서 하루 종일 움직였던 것 같다. 혼자만의 시간이 겁이 났던 게 아닐까도 싶지만 항상 사람들과 어울리거나 아니면 무언가를 하였다. 지금도 잠시 잠자는 시간 외에 눈을 뜨고 침대에 누워 있으면 온갖 잡생각이 많이 나고 그러다가 문득 이러다가 다른 사람에게 뒤처지는 것은 아닐까 하는 생각도 들곤 한다. 나이 마흔이 넘으면 마음에 여유가 생기지 않을까 해서 열심히 살았던 것 같은데 50살이 된 지금도 여전히 마음에 여유가 없다.

나는 일의 목표가 생기면 소소한 일상생활의 의미가 퇴색되는 느낌이다. 나하고 목표가 다른 사람들과의 대화는 물과 기름마냥 겉도는 느낌이지만, 나와 목표가 같고 어떤 목표를 향해 열심히 가는 사람과의 대화는 나를 더 생동하게 하기 때문이다.

언제부턴가 스스로 주는 숙제는 내 목표를 위해 잠시 멀리 두었던 사람을 만나는 게 되어 버렸다. 사람은 다 좋다. 하지만 나는 내가 하고 싶은 욕구가 강해서 그사이에 다른 무언가를 두지 않으려고 하는 습관이 있다.

공휴일의 잠시 한가한 여유도 나에게는 또 다른 곳을 향해서 움직이려고 하는 시간이다. 남과 비교하지 말고 나에게 맞는 것을 해야 한다는 걸 알고 있으면서도 나는 남들이 하는 것에 기웃기웃하고 있다. 욕심이 많아서일까, 아니면 아직 나의 길을 찾지 못해서일까? 어쩌면 둘 다일지도 모르겠다.

나의 길은 언제쯤 찾을 수 있을까? 끊임없이 반문하면서 학교에서 아이들에게 진로에 대해서 이야기할 때 나 자신부터 미정인 길을 아이들에게 가르쳐야 한다는 것이 조금 미안한 생각이 든다.

진로는 태어나면서부터 죽을 때까지 고민해야 하는 것이 아닌가 싶다. 항상 한 길 한 방향으로 가는 사람은 별로 없을 것이기 때문이다. 여기 기웃 저기 기웃, 그러다 자신에게 맞는 길을 찾아서 자기가 좋아하는 일이거나 잘하는 일을 하게 되면 그때 비로소 진로라는 선택을 하지 않을까…?

내 주위 사람들은 나에게 한 가지만 하지 왜 이것저것을 하느냐고 얘기를 한다. 그런 말을 들으면 기분은 별로 좋지 않지만 그 사람들은 자기가 하는 일에 만족을 해서 그런 말을 하지 않을까 싶다. 아니면 이미 자신에게 가장 최적화된 일을 찾았거나. 그렇더라도 그들 역시 내면은 여전히 그런 길을 찾고 있는 것일지도 모른다.

나는 하고 싶은 것이 아직도 너무 많다. 호기심 많은 사춘기 소녀처럼. 재능이 다양해서 이것도 할 수 있고 저것도 할 수 있어서 그런지도 모르겠고, 호기심만 많아서 스스로의 한계를 짚어 보거나

처음으로 친정엄마 언니들과 다같이 여유있고 즐거운 자유여행을 했다.
이른 아침 조용한 후라노 산속에서 옛날의 추억를 되살리며 한가로운 시간을 가졌다.

하고 싶은 것은 꼭 하고야 마는 직성 때문에 그런 것인지도 모르겠지만, 그런 욕구 때문에 항상 움직이고 생각하고 행동한다는 것은 나이 들어가면서 오히려 장점이 되는 것 같아 다행이다. 이제는 뭐든 할 수 있다는 생각이 나를 끊임없이 발전하게 하고 깨닫게 하고 아름답게 해서 스스로를 윤이 나게 하리라 생각한다.

세상이 변하길 기다리는 것보다 내가 변하면 세상은 내 뜻대로 변한다는 이치를 깨닫는 데 오십년이 걸렸다. 사람도 마찬가지이다. 평생을 아는 사람들과 소통해도 그들이 바뀌지 않는 것을 보면서 답답해하고 그들 탓만 하다가 어느 순간 깨닫고 스스로를 바꾸기 시작하면 비로소 세상은 내 편이 되고 내 뜻대로 움직인다는 걸 알게 된다. 그때의 기쁨은 세상을 다 얻은 사람의 희열… 다르지 않을 것이다.

그래, 다시 시작이다.

인생 2막, 마음먹은 대로, 생각하는 대로 우물쭈물할 시간이 없다.

손을 잡으면 마음마저 '사랑의 온도'가 올라간다

내가 좋아하는 것을 선택하여 배우는 것만큼, 내가 알고 있는 지식과 경험을 누군가에게 전하는 일도 당연히 좋은 선택이어야 한다. 그 일이 아이들을 만나고 아이들에게 꿈을 디자인하고 마음을 어루만져 주는 일이라면 더욱 그 일을 소중히 생각하고 아이들을 사랑하는 마음이 우선 되어야 한다.

나는 스스로 부족한 것이 많은 사람인데 과연 아이들에게 좋은 수업을 할 수 있을까, 많은 고민을 했다. 첫 수업에 대한 두려움도 있었고 아이들의 반응이나 피드백이 어떻게 돌아올지도 걱정되었다. 내가 알고 있는 지식도 많지 않았다.

그래도 수업은 가야만 했다. 학교에 도착했을 때는 마침 쉬는 시간이라 아이들이 복도에서 뛰어놀면서 왔다 갔다를 반복하고 있었다. 나는 무거운 걸음으로 복도를 지나 교실로 들어가서 아이들과 첫 대면을 했다.

솔직히 자신감이 떨어졌고 목소리도 잘 나오지 않았다. 수업 종이 울리기 시작하자 간단한 설명과 함께 아이들과 풍선 아트 만들기 활동을 시작했다. 마음속에서는 양심에 가책이 일어났다. 내가 깊은 지식을 갖고 있지 않은데 아이들을 가르치는 것이 정말 미안하다는 생각으로 아이들과 풍선 아트 만들기를 계속했다. 나는 어느 정도 아이들이 알고 있을 거라 생각하고 미안한 마음이 들었던 것인데 시간이 조금씩 지나면서 생각이 바뀌었다. 아이들은 정말 아무것도 모르고 처음부터 끝까지 도와주어야 했기 때문이다.

힘든 수업이었다. 빨리 끝내고 싶다는 생각이 컸다. 내가 아이들을 많이 좋아하지 않는구나 싶었다. 그러면서 집에서 내 아이들에게 하는 것처럼 모든 것을 다 해결해 주어야만 한다는 생각을 하였다. 활동이 끝나고 난 후 온몸에 힘이 빠지기 시작했다. 너무 많은 에너지를 아이들과 함께한 활동에 쏟아부은 것 같았다.

수업이 끝나고 나보다 먼저 강사를 했던 선생님께 현재 내가 가지고 있던 마음을 이야기했다.

"10m만 먼저 가도 선생님이야!"

'아~ 그렇구나! 먼저 알았기에 내가 알고 있는 것을 가르쳐 주고 함께 하기만 해도 되는구나!'

첫 수업을 마치고 혼란스러웠던 마음이 일시에 정리되면서 강사의 길에 입문하게 되었다.

두 번째 수업을 준비하면서 들었던 마음은 내가 정말 아이들을 사랑하고 있는가에 대한 물음이었다. '나는 정말 아이들을 사랑하는가!'를 수없이 스스로 질문하면서 대답이 나오기 전까지 계속 머릿속이 복잡했다.

학교에 도착해서 큰 가방 두 개를 들고 교실에 들어갔다. 여자아이들이 먼저 "선생님 안녕하세요?" 하고 웃으면서 인사를 한다. 그 순간 아이들이 너무 사랑스럽고 예뻤다. 그리고 조금 전까지 걱정하던 마음이 한순간에 사라졌다. 아하, 나도 모르게 아이들을 좋아하고 있었구나 하는 안도의 한숨이 나왔다. 그러면서 한편으로는 아이들도 나를 좋아하는구나 하는 생각이 들기 시작했다. 공연히 미리 짐작하고 미리 걱정했구나 하는 마음이 들면서 조금 미안한 생각이 들었다.

그런 미안함 때문에라도 이제부터는 선생님이라는 권위의식이나 어른이라는 생각으로 아이들에게 무조건 따라오라는 식의 명령형 수업은 하지 않기로 했다. 내가 알고 있는 한 가장 쉽고 친절하게 설명을 해주고 못 한다고 꾸지람하거나 핀잔을 주지 않고 부드러운 말로 이해할 때까지 가르쳐 주고 보듬어 주기로 했다. 순수한 아이들은 모두 즐거운 마음으로 잘 따라와 주었다.

그제야 비로소 선생님의 자세를 조금씩 갖추어 가고 있다는 생각이 들었다. 가르치는 선생님의 마음이 어떤가에 따라 아이들도 눈빛으로 마음을 느끼고 알고 있다는 것도 느낄 수 있었다.

수업 활동하는 동안 여러 가지로 재미있는 시간을 가질 수 있었다. 아이들을 통해서 오히려 내가 배우고 얻은 것들이 많다는 생각도 들었다. 드디어 나도 강사의 대열에 합류할 수 있다는 생각이 들게 되는 순간이었다.

교실에 들어가면 아이들이 정말 사랑스럽다. 예전에 잠깐씩 아이들을 만날 때는 좀 귀찮다는 생각을 많이 했는데, 이제 조금 나이가 더 들어서 만나는 아이들은 정말 사랑스럽고 예뻤다. 할머니가 손자를 예뻐하는 기분을 알 것 같았다.

학부모가 되어 학교를 방문했을 때 담임선생님이 아이들을 예뻐하는지 귀찮아하는지는 눈치가 빠른 학부모들은 금방 알 수 있다. 담임이 아이들을 귀찮아할 때 비슷한 자녀를 둔 엄마고 아빠일 텐데 왜 아이들을 귀찮아할까 서운한 마음이 들었던 기억이 떠올랐다. 그런 담임을 만났을 때는 학부모 엄마들 사이에선 당연히 좋은 선생님이라고 말을 하지 않았다.

나중에 알게 되었다. 나도 비슷한 또래의 자녀들이 있을 때 수업을 나가면 아이들이 예쁘기는 하지만 사랑스럽다는 생각은 별로 못했다. 빨리 수업을 끝내야겠다는 생각이 지배했다.

내 딸과 아들이 커서 대학에 다니는 지금, 학교에서 만나는 아이들은 예전에 내가 엄마로서 못했던 미안함 때문에 아이들에게 더 최선을 다해서 가르치고 새로운 것들을 알려주려고 노력하고, 돌아올 때는 더 많은 것을 아이들에게서 배우고 돌아오는 것을 보람처럼 여기고 산다.

아이들을 만날 때마다 맑고 순수한 눈망울과 웃음소리로 평소에 쌓여 있던 피로와 스트레스가 한 방에 치유되는 느낌이다. 내가 아이들을 사랑하는 것보다 아이들이 나를 사랑해 주는 크기가 훨씬 더 넓고 어마어마한 감동으로 다가온다.

중학교 진로수업을 하면서 아이들과 대화하는 모습

아이들은 모두 꼭 꿈이 있어야 하는 건 아니다. 꿈이 무엇이냐고 숙제처럼 묻는 것도 좋은 건 아니다. 그러나 진로 수업에서는 꿈을 물어야만 그 꿈에 대해서 여러 각도로 이야기할 수 있다. 교과서 같은 이야기지만 질문을 던져서 아이들이 생각할 수 있는 시간을 주어야 한다. 자기가 무엇을 좋아하고 무엇을 싫어하는지, 제일 잘하는 것은 무엇이고 잘하지는 못해도 관심을 가지고 있는 것은 무엇인지 알아야 상담을 해주고 길잡이를 해 줄 수 있기 때문이다.

아이들만이 아니라 성인들도 꿈에 대한 질문을 던지면 당황스러워하거나 우물쭈물하는 경우가 많다. 그렇다고 그들이 인생을 막살아서 그런 것은 아니다. 자신의 뜻대로 안 되고 아무리 노력해도 한계가 있다는 것을 알게 되면서 상대적 박탈감과 현실의 벽에 부딪혀 꿈을 포기하고 사는 사람들이 많기 때문이다.

인문학 강의나 진로 특강을 하는 사람들이 타인에 대해서는 그 사람이 무엇을 좋아하고 무엇을 잘하는지에, 일목요연하게 말을 잘하지만 정작 자기 자신에 대해서는 많은 생각을 하지 않거나 자기성찰을 게을리하는 경우가 많은 게 사실이다.

그러면서 다른 사람의 이야기에 이정표를 제시한다는 것은 어불성설이라는 생각이 든다. 사람은 누구나 남을 이야기하는 것보다 자신에 대해서 정리하기가 힘든 법이다. 마음속에 품고 있는 것과 내가 직접 행동으로 옮기는 것이 쉬운 것이 아니기 때문이다. 다른 사람들이 볼 때는 그 사람의 생각보다는 행동을 보고 판단해서 일목요연하게 “그 사람은 이런 사람이야” 하고 객관적인 판단을 내릴 수는 있지만 정작 자기 자신은 주관적으로 보기 때문에 쉽게 일목요연하게 정의하기가 어렵다.

꿈도 마찬가지다. 내가 생각하는 꿈의 설계도와 남이 바라보는 꿈의 조감도는 다르게 나타날 수 있기 때문에 그런 두 가지 상황을 적절하게 조화를 시켜서 자기 꿈에 한 발짝 더 다가서고 누군가의 아름다운 꿈이 되었으면 좋겠다.

초보 강사의 의욕이 앞서서 주어진 시간 동안 너무 많은 것을 아이들에게 가르쳐 주려다 보니 나도 힘들고 받아들이는 아이들도 힘들어 하는 것을 알게 되었다. 내가 알고 있는 80%만 아이들에게 나누어 주면서 사랑스러운 눈길로 아이들의 질문에 더 많이 귀 기울이고 일상적인 이야기에 마음을 담아야 할 것 같다는 생각이 들었다. 하지만 프로그램으로 이루어지는 수업은 시간을 엄수해야 하기 때문에 자유로운 대화를 많이 나눌 수는 없었다.

엄마의 마음으로 아이들을 바라볼 때와 선생님 마음으로 아이들을 바라볼 때의 마음은 사뭇 다르다. 전자처럼 바라볼 때 먼저 사랑스러운 마음이 많이 들기 때문에 모든 것이 예쁘게만 보인다는 것이고, 후자는 아이들 혼자가 아닌 전체를 책임져야 하는 마음이 먼저 자리 잡기 때문에 가르침이 먼저이다.

두 가지를 적절하게 병행하기란 쉬운 일은 아닌데, 그것도 수업을 하는 선생님의 나잇대별로 많이 다르다. 그래서 경험이 좋은 약이 될 수도 있지만 오히려 그걸 잘못 적용하면 독이 될 수 있다는 걸 수업을 진행할수록 느끼고 깨닫게 된다. 끊임없이 공부하고 사유하고 새로운 생각으로 가르침에 임해야 한다는 것을 매 순간 절실하게 깨닫고 있다.

연세대 평생교육원 원주캠퍼스에서 시니어 대상으로 사군자 기질 강의한 모습

사람은 저마다 타고 난 태어난 기질대로 살아가면 조금 더 행복한 삶을 살아갈 수 있다. 요즘 내가 기질에 대한 연구를 하면서 대학의 평생교육원에서 강의할 때 모두 기질에 대한 성격심리 분석에 흥미롭게 반응하고 적극적으로 수업에 참여하는 것을 볼 수 있다.

그런 흥미로운 학문으로 인정받다 보니 더욱더 기질에 대한 연구와 사례수집에 열정을 쏟게 되고 강의를 진행할 때마다 재미있고 저절로 알아가는 것들도 늘어나 보람과 기쁨이 갈수록 커지고 있다.

나는 초등학교 시절부터 온 동네 여기저기 구경하는 걸 좋아했다. 한마디로 한 군데 오래 앉아 있는 성격이 못된 것이다. 또래 여자애들과 다르게 엄청난 호기심과 모험심이 강했다. 동네 여기저기서 나를 본 사람들이 많아지면서 별명이 붙기 시작했다. 바로 '빽돌이'라는 별명으로 불리기 시작한 것이다.

동네 한 바퀴를 빵~ 도는 게 하루 중 가장 큰 일과였던 나에겐 그만큼 동네의 모든 소식이 깃들어 있었던 셈이다. 다람쥐 쳇바퀴 돌 듯 계속 돌아다니면서 호기심 어린 유년시절을 보내었다. 그것이 바로 태어난 기질이었던 것이다.

섬에서 살다가 인천으로 이사 오면서 처음 접하는 아르바이트를 하게 되었는데 그 아르바이트가 신문배달이었다. 돌아다니기 좋아하는 나의 기질에 딱 맞는 일이었다.

고등학교 졸업과 동시에 모 연구소에 들어가 사무직 일을 보게 되었다. 일은 힘들지 않게 할 수 있었고 열심히 하면 되었다. 하지만 답답함이 있었다. 봄이 되면 햇볕이 있는 곳을 찾아서 웅크리고 앉아 있었고 가을이면 점심시간을 활용해 가끔 밖으로 나오곤 했다. 결혼 후 아르바이트를 하려고 하면 계속 동네를 돌아다니는 일을 하기도 했다. 힘들어서 그만두고 잠시 쉬고 있다가 다시 또 시작하면 동네를 돌아다니는 아르바이트였다. 틀에 매여 있는 삶이 나에게는 버거웠던 것이다.

액티브 시니어가 된 지금도 마찬가지다.

아무리 좋은 직장이 나를 간절히 부른다 해도 나는 아이들을 만나고 시니어의 멘토가 되고 기질검사가 필요한 사람들을 만나면서 소통하고 이야기하고 마음을 나누는 강사의 삶이 천직이라 생각한다. 가만히 앉아서 사무를 보거나 같은 일을 무한 반복하는 단순노동은 나에게는 맞지 않아서 부득이 이 길을 가야만 할 것 같다. 하늘이 내려 준 강사의 길을….

그래서 생각한 것이 진심을 다하는 강사이다. 진솔한 강사가 되고 싶은 만큼 마음을 나누어 줄 수 있는 강사가 되어야겠다. 다른 사람의 기질을 알고 인정하면 마음을 주는데 주저함이 없을 것 같다. 그리고 상대를 인정할 때 미움보다는 이해하는 쪽으로 가지 않을까 싶다. 남을 인정할 때 내 마음은 미움과 시기가 없는 행복한 상태가 될 게 분명하고….

가지고 있는 기질을 애써 바꾸려고 했던 사춘기 시절이 있었다. 다른 아이들이 가지고 있는 차분하고 진득한 성격이 부러웠기 때문이다.

지천명이 된 지금은 이대로의 나를 인정하면서 사는 것이 행복하다는 것을 알게 되었다. 삶의 순리를 알아 가는데 50년이 지난 셈이다. 그래도 다행이라고 생각한다. 앞으로의 살아갈 날들이 아직 많이 남았기 때문이다.

"안전이란 대개 미신과 같은 것이다. 그것은 사실상 존재하지 않는다. 인생은 대담한 모험을 필요로 한다. 그렇지 않으면 아무것도 할 수 없다."

– 헬렌 켈러

"한 인간의 끝은 인생의 싸움에 패배했을 때가 아니라 꿈을 포기했을 때이다."

– 리처드 닉슨

"흔들리지 말아야 할 것은 자신에게 주어진 일에 만족하는 것이다. 그래야만 자신에게 어울리는 좋은 결과를 얻을 수 있다."

– 프란츠 요셉 하이든

"다른 사람이 가져다주는 변화나 더 좋은 시기를 기다리기만 한다면 결국 변화는 오지 않을 것이다. 나 자신이 바로 내가 기다리던 사람이다. 나 자신이 바로 내가 찾는 변화이다."

–버락 오바마

위의 글들은 나를 위로하고 힘이 되게 하는 명언이다.

삶을 살아가는데 좋은 친구도 필요하고 위로가 되는 글도 필요하고 힘이 되는 동기부여도 필요하다. 그럴 때 가까이 있는 사람과 더불어 힘이 나게 하는 것들이 책 속의 성자고 깨달음의 동기부여가 아닐까 싶다.

한동안 나는 내 인생에서 무언가 빠진 것이 있지 않을까 하는 생각으로 항상 공허했다. 그러다가 강의를 시작하고 글을 쓰기 시작하면서 아침에 일어나면 무엇을 어떻게 쓸까 고민하기 시작했고 아무것도 쓰지 않는 날 저녁에는 허전한 마음이 들곤 했다. 어떤 날은 그냥 노트북을 켜 놓은 채 아무 생각 없이 이것저것 살펴보다가 시간을 보내다가 끝날 때도 있었다.

하지만 글을 쓰기 시작하면서 내 삶은 변화하기 시작했고 내 눈과 귀는 사람의 마음과 그 깊이에 빠져들면서 자연과 아름다운 것에 자꾸 머무르고 싶어 했다. 글을 쓰기 시작하면 자기 발전도 된다고 하던 어느 시인의 말이 생각났다.

그동안 나는 잠재된 의식 속에 간절하게 글을 쓰고 싶다는 생각이 많았던 것 같다. 노트북을 열어서 글을 쓰기 시작하면 머리보다 손이 더 빠르게 움직이는 것을 보면서 나에게 글을 쓰는 유전자로 잠재되어있던 열정이 있는 건 아닌가 생각하기도 한다. 물론 그냥 되는 대로 두서없이 글을 쓰고 있기는 하다.

글을 쓰면서 나는 이루고 싶은 것에 대한 스스로의 최면을 걸고 다짐을 하면서 이루어질 확률을 높이고 있다. 누군가 자기가 이루고 싶은 일을 주위 사람들 10명에게 얘기하면 성공할 확률이 높아진다고 했다. 나는 내가 하고 싶은 일을 주위 사람들이 물어보지 않아도 내 입으로 말하는 습관을 가지고 있다. 그래서 작고 큰 목표들이 이루어진 것도 많다. 주위 사람들에게 말을 했기 때문에 더 노력을 하지 않았나 싶기도 하다.

목표를 정할 때는 내 소신껏 하는 것 같았는데 어느샌가 옆 사람의 성취에 비추어 의기소침해지면서 여유 있는 생활이 힘들 때가 있다. 혜민 스님이 말했다. "누군가처럼 되고 싶다고 말하지 말라. 나는 나여야 된다." 힘이 난다. 그래, 나는 나답게 살아야 하는 것이다.

다른 사람들을 비교하면서 정신없이 배우러 다니고 있는 지금 바쁠수록 생각하라는 말을 되새기며 아침마다 "나 잘살고 있지!" 하며 산책을 한다. 세상에서 나와 똑같은 사람은 없다는 말이 이렇게 힘이 될 줄은 몰랐다. 내가 무엇을 하고 어떻게 행동하든 나만의 사는 방법이 아닐까 싶다. 소소한 행복을 찾으며 나라는 존재가 이렇게 거대하게 생각되는 기분도 느낄 수 있다는 건 뿌듯한 일이다.

나는 스스로 다짐하기 위하여 "죽기 전에 내가 해보고 싶은 것은 다 해본다"고 주위 사람들에게 말을 하고 다닌다. 가족, 시댁, 주위의 시선에서 조금씩 멀리 볼 수 있는 시점이 나에게 주어진 것에 고맙고 정말 감사하다.

어린 시절에 하고 싶었던 것을 조금씩 해보면서 살 것이다. 미련을 갖지 않도록 살 것이다. 물론 착한 콤플렉스를 조금 내려놓고 시작해야 한다. 형식적으로 할 수 있는 일들은 하면서 크게 벗어나지 않은 일들을 할 것이다. 크게 벗어난 일들도 이유가 있을 것이라고 생각하고 그때 그 시간에 내가 느끼는 감정을 숨기지 않고 표현할 것이다.

요즘에는 감정 표현 숨기는 것을 조금씩 표현하는 쪽으로 방향을 돌렸더니 가슴이 막혀서 숨을 몰아쉬는 일이 별로 없어졌다. 좋은 일이 생기면서 얼굴에도 열꽃이 가라앉고 있어서 살짝 머리 스타일 옷 스타일에도 신경을 써서 멋을 내고 있다.

시니어 패션모델 꿈을 꾸면서 지금부터의 변화가 나에게는 엄청난 시너지 효과를 내지 않을까 싶다. 나에게 투자하는 것을 아끼지 않고 할 수 있다는 것 자체만으로 감사하게 생각하고 있다. 내가 경제생활이 어려우면 나에게 몸을 가꿀 수 있는 여유와 배우고 싶어 하는 학구열을 참아야만 하기 때문이다.

내 친한 친구는 지금 경제생활이 매우 힘들다. 남편이 실직을 했고 월세를 살면서도 얼마나 성실하게 사는지 항상 그 친구를 응원해 주고 싶다. 내가 힘들다고 하면 그 친구는 자기를 보면서 살면 된다고 말했다. 그 친구에 비하면 나는 정말 많은 것을 누리면서 사는 것이다. 사업하는 남편이 있어서 골프나 여행을 여유 있게 다니는 사람도 있지만 나는 내가 벌어서 나에게 투자를 한다는 것만으로도 만족한다.

가끔은 백화점 VIP인 언니들이 부럽기도 하다. 부러운 것이 하나둘은 아니다. 어디를 가서든 그곳에서 최고의 사람을 보면 부럽기 마련이다. 부러워하면서 하나씩 그것을 채우려고 노력하는 것만으로 살아가면서 활력소가 된다. 주위에 부자인 사람, 자기 일에 최고인 사람, 가난한 사람이 고루 있는 것도 내 생활을 더욱 소중하게 생각하는 계기가 되는 건 아닐까 싶다.

모든 사람이 있어야 세상이 조화롭게 흘러가지 않을까 생각해 본다. 손을 잡으면 마음까지 통한다. 선거 때만 되면 손을 내미는 후보들을 만나 형식적인 악수를 하면 기분 나쁠 때가 한두 번이 아니다. 평소에도 상대가 반갑다고 내미는 손이 마음을 주기 싫고 별로 악수하고 싶지 않다는 느낌이 들 정도로 불쾌한 악수를 할 경우가 있다. 반대로 지나치게 힘을 과시하면서 자신의 존재감을 강조하려고 하는 경우도 기분 나쁘기는 마찬가지다.

사랑하는 사람이 손을 잡고 걸을 때는 수많은 말이 내포되어 있고, 감정의 흐름과 심장의 떨림까지도 느껴지는 것처럼 진심을 다해서 잡는 손길에 진심이 느껴질 때 마음도 따뜻하게 통하고 심장의

우리 동네 가로수 중 내 '나무 친구'. 길 확장으로 옆으로 이동해서 잎이 많이 자라지 않았지만, 내년이면 옛날처럼 잎이 무성해지겠죠.

온도도 올라간다. 요즘 한창 드라마로 인기를 끌고 있는 〈사랑의 온도〉가 비로소 올라가는 것이다.

내가 하는 강의와 소통의 기법도 사랑의 온도를 높이는 일이 되기를 간절히 소망해 본다.

8장

액티브 시니어의 주거문화

이영숙

명지대사회교육원 부동산학과 교수

한국시니어플래너지도사협회 교육이사

단국대 도시계획 및 부동산학 박사

건국대 부동산 대학원 석사

이화여대 평생교육원 시니어플래너지도사과정 강사

금광빌딩 관리이사

CCIM 한국협회 부회장

전) (주)실버프리 이사

서울과기대 공인중개사 보수교육 전임

외환은행 및 국제은행 근무 30년

액티브 시니어

모든 분야에서 4차 산업혁명을 논하는 요즈음, 시니어라는 호칭도 다방면에서 꾸준히 오르내린다. 그만큼 시니어들의 사회적 활동과 영역이 활발하고 다양해졌기 때문일 것이다.

시니어란 활동적이고 늘 배우고 현재와 소통하는 신 노년을 의미하며, 자신이 시니어임을 인정하지 않는다는 점이 특징이다. 액티브 시니어란 그중에서도 왕성한 사회적 활동과 경제력, 소비력까지 갖춘 시니어 세대를 의미하며, 은퇴 후 더욱 활발한 사회적 활동을 한다. 여가와 취미를 즐기는 50~60대를 가리키며 건강, 외모, 취미, 여행 등, 자기 자신을 위한 투자를 아끼지 않는다. 특히 배우는데 시간과 투자를 아끼지 않는다.

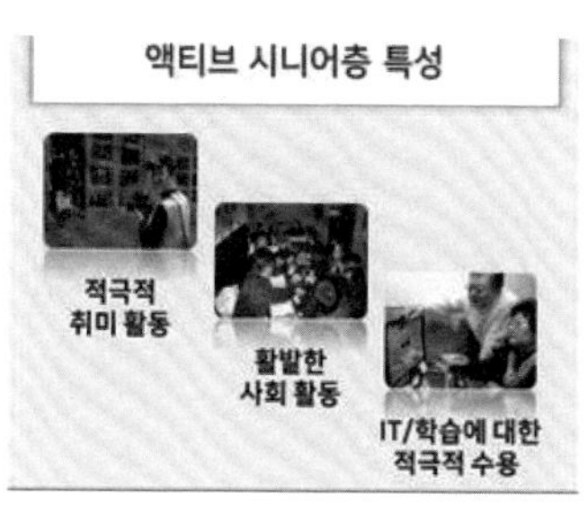

2017년을 기점으로 고령사회에 진입한 우리나라는, 앞으로 10년 이내에 인구 5명당 1명이 65세 이상인 초고령사회를 맞이할 예정이

다. 머지않아 본격적인 시니어 시대가 펼쳐질 것으로 전망되며 시니어의 주거를 비롯하여 시니어의 의식주 관련 라이프스타일도 상당한 변화가 나타날 것으로 예상된다. 이러한 시점에 시니어의 주거선택을 주제로 시니어 주거의 다양한 형태를 살펴보는 것은 매우 의미 있는 일이다. 사회적 활동이 왕성하고 경제력 있는 액티브 시니어의 주거문화는 주거선택에 따라 상당 부분 변화가 나타날 것으로 보이기 때문이다.

시니어 인구현황과 시사점

통계청 자료에 의하면, 우리나라는 2017년을 기점으로 65세 인구가 전체인구의 14%를 초과하여 고령사회에 진입하였다. 이런 추세로 가면, 2026~2030년쯤에는 초고령사회에 진입할 것으로 전망되고 있다. 앞으로 약 10년 후 우리나라는 인구 5명 중 1명이 65세 이상인 사회가 되는 것이다. 고령화 속도 면에서도 OECD 국가 중 가장 빠르게 진행되고 있다. 이처럼 빠른 속도로 진행되는 인구고령화에 비하면 그에 대한 대비나 준비가 부족한 면이 적지 않다. 시니어를 위한 건강문제, 경제문제, 소외문제, 자원부족 문제, 여가활용 문제 등 해결해야 할 많은 문제가 산적해 있다.

건강문제

100세 시대다. 은퇴 후에 보내야 하는 시간이 더 길어진 것은 확실하다. 이 시기에 시니어는 만성 질환이나 치매 등의 질병에 노출된다. 스스로 건강관리를 위해 일찍부터 준비를 해야 한다. 웰빙에서 웰다잉에 이르기까지 많은 준비와 대비를 요구한다.

경제문제

준비가 부족한 시니어에게 경제문제는 고통이다. 특히 자녀에 올인했던 사람들은 자식을 교육시키고, 결혼시키기까지 혼신을 다했지만, 자신을 위한 노후 준비는 소홀한 경우가 많다. 그래도 노후에 집이 한 채 있다면 소득을 창출할 수 있다.

소외문제

은퇴 후엔 사회적 활동이 줄어들고 소일거리도 줄어든다. 스스로 고립되기도 한다. 외로움과 소외감이 커지다 보니 말수가 많아진다. 가족들의 푸대접이 는다. 그러니 나이가 들면 소통방법도 달라져야 한다. 가족, 이웃과의 소통을 위해 배워야 한다.

자원부족문제

일상생활 도움서비스나 노인복지시설 등이 많이 부족하다. 시니어를 위한 자원봉사도우미도, 유료도우미도, 시설도 부족한 게 현실이다. 취미생활 등을 자원봉사활동에 활용할 수 있다. 경제력 있고, 활동적이라면 노인복지사업을 실현해 볼 수도 있다. 일을 통해 보람도 느끼고, 일자리 창출도 하고, 사회에 기여도 할 수도 있다.

여가활용문제

기대수명의 연장으로 여가시간 활용의 중요성은 점점 커지고 있다. 활기찬 노후를 보내려면 여행, 요리연구, 건강관리, 약초연구, 악기연주 등등의 취미활동을 통해 여가시간을 유의미하게 보낼 수 있어야 한다. 시니어의 취업활동도 삶을 보람 있고 활기차게 해줄 수 있다. 취미활동이 자원봉사나 취업으로 이어질 수도 있다.

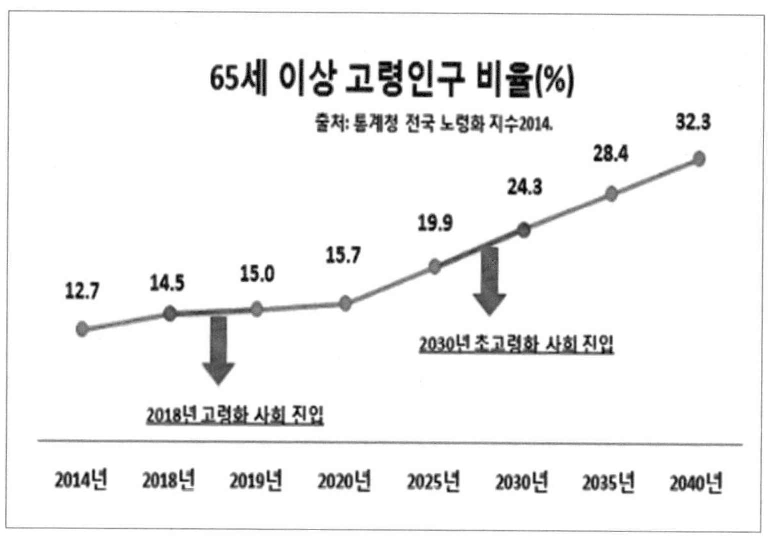

주거의 의미

주거란 주택이라는 물리적인 공간에 취미, 휴식, 공동생활 등 사회생활이 어우러지는 장소라고 할 수 있다. 여기에는 기본적인 조건이 있다. 안전성, 쾌적성, 능률성, 심미성, 경제성 등의 역할이 기대되는 곳이다.

주거는 기후의 변화, 수재, 화재, 도난, 안전사고로부터 안전해야 하며, 온·습도 조절, 채광, 통풍, 급·배수 및 쓰레기처리시설을 각추고 소음, 공기 오염 등의 문제가 없어야 한다. 동선은 짧고, 공간과 가구는 인체 조건에 맞으며, 수납공간도 충분해야 하며, 신체적, 정신적 피로를 풀 수 있는 휴식처이면서 동시에 개성이 표현된 아름다운 공간이어야 한다. 특히 주택구입비(임차비), 주거비(상하수도요금, 가스요금, 냉난방비, 주택관련 세금 등)등은 가족의 경제수준에 맞아야 한다.

특히 시니어의 주거는 그 어느 시기보다 중요하다. 시니어의 특성을 배려해야 한다. 신체적 기능저하 또는 기타의 이유로 시니어는 심리적으로나 사회적으로 불안하고 안정감이 떨어지는 상태이므로 대부분의 시간을 집에서 머물거나 집에서 활동하는 시간이 점점 길어지기 때문이다. 여기에 시니어 주거의 중요성이 있다. 집에서 활동하는 시간이 많아지는 시니어에게 주거의 기본적 역할은 더욱 절실하다. 이러한 조건과 역할을 갖추기 위해 시니어 주거는 홈리모델링이나 새로운 장소로의 이동과 같은 주거의 선택이 이루어진다.

| 주거에 대한 인식의 차이 |

교보생명과 협력업체에서 40세 이하의 젊은층과 50~60세 시니어층 두 그룹으로 나누어 설문조사를 했다. 조사결과 두 그룹간 주거에 대한 인식은 크게 차이가 있었다. 50~60대 시니어들은 30~40대 젊은층에 비해 '집을 재테크 수단'으로 보는 경향이 높았으며, 집은 소유해야 하며 노후를 위해 꼭 필요하다는 인식이 강하게 나타났다.

▨ 40세 이하(20~40세 남녀 500명)

▨ 시니어(50~60대 남녀 500명)

| 노후 전원생활 희망 여부 |

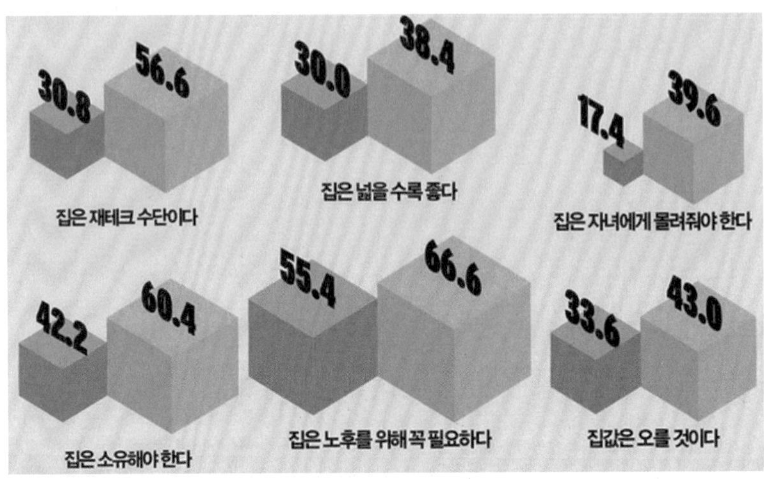

같은 기관의 설문조사에 의하면, 노후 희망 거주지역으로는 전원생활(27.9%)보다 서울 및 대도시 근교가(67.6%) 훨씬 높게 나타났다. 연령별로는 20대, 거주지별로는 강남지역 거주자, 소득별로는 소득이 높은 자의 도시 희망거주비율이 높았다. 인간관계 형성이나, 병원 이용 등 생활시설을 편리하게 이용할 수 있는 도시지역이 전원지역보다는 훨씬 선호도가 높게 나타난 것이다.

| 거주지역 선호도 |

노후 거주지역으로는 제주도에 대한 선호도가 가장 높게 나타났다. 제주도는 한적하고 쾌적한 전원지역에서 화려하고 번화한 도심

지까지 자동차로 1시간 이내 이동이 가능한 곳이라는 도시의 특성 때문에 선호도가 높다. 연예인 중에 최근 효리네 민박집으로 방송을 탄 이효리, 방송인 허수경, '제주도 푸른밤'으로 잘 알려진 가수 최정원 등이 제주에 살고 있는 것으로 알려져 있다.

시니어의 주거선택

대부분의 시간을 집에서 생활하는 시니어에게 주거는 매우 중요하다. 이러한 시니어의 주거선택은 크게 두 가지로 구분할 수 있다. 살던 곳에서 계속해서 거주하는 것(Aging in place: AIP)과 새로운 장소로 이동하여 거주하는 것이다.

| Aging In Place(AIP) 방식 |

일반적으로 시니어들이 제일 선호하는 주거방식은 지금까지 살던 곳에서 가족들과 함께 노후를 보내는 것이라고 한다. 익숙한 곳에서 계속 거주할 때, 정서적으로 심리적으로 편안함과 안정감을 느끼기 때문이다. 이처럼 나이가 들고 건강이 안 좋아져도 자신이 살아왔던 거주지와 지역공동체 내에서 지속적으로 거주하는 생활방식을 Aging in place(AIP)라고 한다. 이러한 주거방식은 장소나 환경을 바꾸지 않고, 이웃 및 친구가 있는 익숙한 곳에서 사회 활동을 그대로 유지할 수 있다는 장점이 있다. 이처럼 살던 곳에서 거주하는 방식에는 주택을 개조하여 거주하는 방식, Multi-habitations, Share-house 등이 있다.

| 주택 개조(Home Remodeling) |

시니어들은 신체적으로 심리적으로 건강한 상태가 아니기 때문에 살던 곳에서 계속 머무르기 위해 주택의 개조가 필요하다. 이를 Home Remodeling이라고 하는데, 이러한 홈 리모델링의 개념은 점차 확대되고 있다. 종전에는 타인의 도움 없이도 시니어 스스로 관리하고 생활할 수 있도록 문턱을 없애거나 여닫이문을 미닫이로 교체하는 등의 물리적인 주택개조만을 의미했지만, 최근의 경향은 안전과 자립을 돕는 복지기기나 생활용품 등의 구입까지를 포함해서 홈리모델링으로 본다.

시니어 주택개조 세부내용

공간	개조내용
침실	• 일자형이나 레버형 문손잡이 • 침실 가까이의 욕실 및 화장실, 밖을 내다볼 수 있는 창 • 침대 주변의 비상연락장치

욕실 및 화장실	•활동 공간 확보 •적정 높이의 세면대와 양변기 •레버형 손잡이의 수전 •미끄럽지 않은 바닥재
부엌 및 식당	•적정 높이의 수납공간 •미끄럽지 않은 바닥재 •충분한 수납공간 •적정 높이의 작업대 및 바퀴 달린 의자
앞 발코니	•충분한 수납공간 •바닥 높임 •미끄럽지 않은 바닥재
거실	•활동 공간 확보 •미끄럽지 않은 바닥재 •적정 높이의 인터폰 •입식용 가구 배치
다용도실	•손세탁용 레버형 손잡이 수전 •충분한 수납공간
현관	•충분한 수납공간 •바닥 단차 제거 •출입이 용이한 공간 확보 •안전손잡이 및 보조의자 설치

[SOURCE: http://blog.naver.con/yoigee/30085419527]

| 주택개조의 예시 |

시니어 주택의 개조에서 가장 신경 쓰이는 곳이 화장실이다. 화장실 바닥에 미끄럼방지용 바닥재를 깔아 준다. 미끄러질 확률을 줄여주는 것이다. 비데를 설치할 때는 조작이 간편한 것으로 설치한다. 화장실의 문턱을 없애고, 문짝은 여닫이보다는 미닫이로 달아주는 게 좋다. 손잡이도 미끄러운 볼 형태보다는 일자형이 더 안전하다. 문짝에는 수시로 안쪽을 살펴볼 수 있도록 작은 창문을 달아주기도 한다.

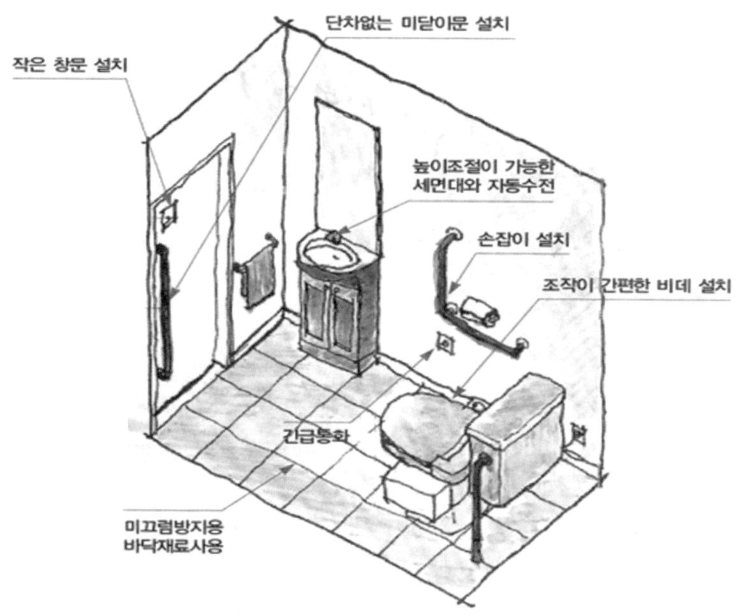

[SOURCE: 노년시대 신문]

거실에서는 바닥과 사물의 색상 대비가 뚜렷이 구별되도록 색상을 선택한다. 시력이 약한 시니어가 지나다가 부딪히는 것을 방지할 수 있다. 거실의 등은 시력보호를 위해 눈부심이 적은 간접조명을 달아주고 냉난방 장치와 함께 환기장치를 달아준다. 야간에 이동할 때 앞이 잘 보이게 발길 등을 설치하는 것도 도움이 된다.

| 멀티–해비테이션(Multi–habitations) |

한동안 도시생활에 대한 지루함과 전원생활에 대한 동경심으로 교외의 전원주택에서 정착하고자 이주한 은퇴자들이 다시 도심으로 돌아오는 경우가 많았다. 전원주택 단지 근처의 생활편의시설 부족, 치안 등의 문제로 불편함이 컸기 때문이다.

멀티–해비테이션은 도시에 거주하는 집이 있는 상태에서 수도권 인근의 텃밭 딸린 전원주택을 구입하여 주 중에는 편리한 도시에서, 주말에는 공기 좋고 한적한 전원주택에서 지내는 방식이다. 주말에 직접 가지, 고추, 오이, 호박, 옥수수 등의 유기농 텃밭을 가꾸면서 심리적인 위안과 힐링 효과를 누릴 수 있다. 이러한 주거방식은 교통여건의 개선과 소득수준의 향상, 웰빙 추구 심리 등의 복합작용에 따라 나타난 최근의 주거방식이라고 할 수 있다.

양평, 여주, 춘천 등 도심에서 자동차로 1시간 이내 거리에 있는 전원주택 타운하우스가 제법 인기다. 참고로 최근(2017.10.) 분양을 기획한 춘천 서상리 장수마을의 한 전원단지의 분양가는 대지 약 160평에 주택 25평 규모가 약 3억원 정도라 한다.

| 셰어하우스(Share House) |

하나의 주택에서 침실은 각자 사용하고 거실, 화장실, 욕실 등의 공용공간을 공유하는 형태로 원룸과 달리 공용공간에서 입주자 간의 교류를 즐길 수 있는 새로운 주거형태라 할 수 있다. 시니어들이 한집에 살면서 관리비와 세금 분담, 취미 공유, 함께 텃밭 가꾸기 등을 할 수 있다. 시니어의 고독사, 무연사회의 문제점 등을 예방할 수도 있다. 이러한 주거방식은 1~2인 가구가 많은 캐나다, 일본 등의 도심에 많다. 현재 국내에는 보편화하지는 않지만 대학가 주변에

서 하나둘 생겨나고 있으며, 1~2인 가구가 늘어남에 따라 셰어하우스와 같은 공유주거가 늘어날 전망이다.

| 새로운 장소로 이동하여 거주하는 방식 |

시니어가 비교적 건강할 때는 주택을 개조하여 거주할 수 있지만 몸이 불편하거나 건강이 나빠졌을 때, 요즘 시니어들은 바쁘게 생활하는 가족 구성원의 케어를 기대하기보다는 주거의 이동을 고려하게 된다. 이처럼 새로운 장소로 이동하여 거주하는 방식에는 코-하우징, 노인복지시설, 시니어타운 등이 있다.

| 코-하우징 |

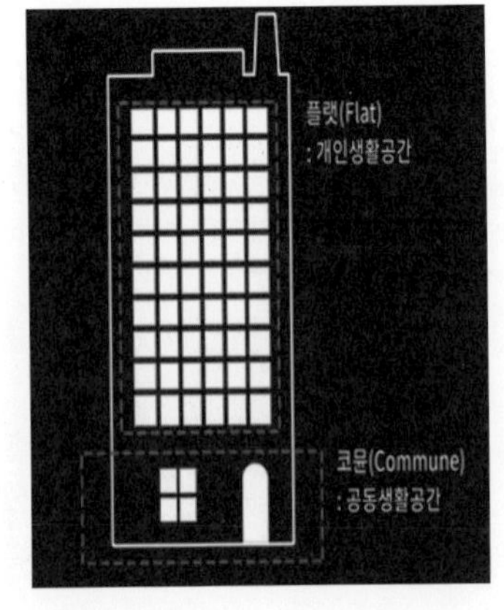

공동작업장이 딸린 연립주택이나 아파트 같은 곳에서 모여 사는 형태로, 숙식은 각자의 장소에서 해결하고 작업장에 모여 공동체 생활을 하는 협동주거 방식이다. 여기서 공동체 생활이란, 미술, 음악, 연극 등의 취미활동, 동호회 활동, 돌봄 활동

등을 작업장에 모여서 함께하는 것을 말한다. 취미가 같은 사람끼리 모여서 활동하거나 아이 돌봄 시니어 돌봄 등의 활동을 여러 가족이 모여서 같이 할 수 있다. 이 경우 교대로 쉬거나, 교대로 볼일도 볼 수 있어 능률적이다. 이러한 주거방식은 1960년대 가장 먼저 시작한 덴마크를 비롯하여 네덜란드, 스웨덴, 미국, 일본에서 많이 발달한 주거형태이다. 국내 사례로는 마포구 성산동 성미산마을의 소행주 1, 2호점이 운영되고 있고, 도봉구 방학동에 추진 중인 두레주택 등이 있다.

| 노인복지시설 |

시니어가 장소를 이동하는 주거방식 중에 노인복지시설 입주가 있다. 노인복지시설에는 여러 가지 형태가 있지만, 노인의 주거와 관련된 시설은 노인주거복지시설과 노인의료복지시설이라 할 수 있다. 대체로 노인주거복지시설(노인복지주택)은 비교적 건강할 때 입주하게 되고, 노인의료복지시설(노인요양시설)은 몸이 아프거나 불편할 때 입주한다.

노인요양시설은 만성질환이나 치매로 케어가 필요한 시니어들이 입주하는 실비의 노인의료복지시설이다. 시설비용의 80%를 노인장기요양보험 공단에서 지불하며, 20%는 본인이 부담하는 실비시설이다. 비용은 입주자의 등급에 따라 다르다. 이름이 비슷한 노인요양병원은 병원시설이다. 이곳은 의사와 간호사가 상주하는 시설로 의료보험이 적용되며, 비용은 노인요양시설보다 높다.

이외에 노인재가복지시설이 있는데, 주야간보호서비스와 단기보호서비스가 있다. 시니어를 케어하는 가족이 여행 또는 바쁜 일이 있어 집을 잠시 비우거나 며칠간 볼 일이 있을 경우, 낮 또는 밤 시간, 또는 일정 기간 잠시 보호를 맡기는 것이다. 어린이 보호를 잠시 맡기는 탁아소처럼 '탁노소'의 역할을 하는 곳이라 할 수 있다.

노인복지주택은 흔히 시니어(혹은 실버)타운으로 알려져 있는 곳이다. 대개의 경우 노후에 자녀들의 눈치를 보지 않고 편하게 생활하고자 입주한다. 노인의 특성을 고려한 주거공간과 커뮤니티 공간이 제공되며 3끼의 식사제공과 청소 빨래 등의 일상생활서비스가 제공된다. 주변에 또래 친구들이 입주하므로 취미, 여가 활동 등을 함께 할 수 있고, 아프면 병원에 긴급 호출도 가능하여 선호도가 높다. 비교적 건강한 중 상류층의 시니어들이 모여 사는 아파트의 개념과 비슷하다. 정부보조는 없으며, 60세 이상 입주민들 자비로 운영되는 시설이므로 운영비는 제공되는 서비스 종류와 수준에 따라 차이가 있다. 대부분의 시니어타운은 노인복지주택과 노인요양시설이 함께 지어져 있어 노인촌의 형태를 띤다. 대표적인 시니어타운으로 서울시니어스타워, 더클라식500, 노블카운티 등이 있다.

시니어타운의 대표적인 입주유형은 분양형과 임대형이 있다. 분양형은 소유권을 취득할 수 있지만, 취득 후 관리문제와 거래제한 문제(노인복지시설에 속하므로 매매 대상이 60세 이상 시니어에게만 가능)가 있어 선호도가 떨어진다. 반면에, 임대형은 입주시 보증금을 지불하지만, 퇴거시 반환받을 수 있어 선호도가 높다. 생활비는 매월 별도로 지불하고, 사업주가 관리 및 운영 전반에 책임을 진다.

이러한 시니어타운 선택시 주의할 점은 운영주체의 재정상태를 확인해야 한다. 대개의 경우 개인이 운영하는 곳보다는 대형법인이나 병원법인이 운영하는 곳을 선호한다. 임대형의 경우 계약서를 작성할 때, 임대보증금 반환과 관련된 내용을 반드시 확인해야 한다. 임대계약 체결 시 임대보증금에 대해서 전세권 또는 근저당권을 설정하거나 인허가 보증보험에 가입해야 한다.

| 해외주거 |

노후를 해외에서 보내는 방법도 있다. 주로 동남아시아의 필리핀, 말레이시아, 태국 등 우리나라보다 물가가 저렴하고 기후가 따뜻한 곳을 대상으로 한다. 이처럼 노후를 해외에서 보내는 것을 은퇴이민 또는 그레이 이민이라고 한다.

은퇴이민을 계획할 때는 시행착오를 줄이기 위해 미리 사전답사를 하는 것이 좋다. 대상지역에서 1달 이상을 머물면서 기후나 물가, 주변 환경 등을 살펴보는 것이다. 이를 롱스테이(long-stay)라고 한다. 롱스테이 프로그램은 국가별로 명칭과 조건이 다르다. 태국은 TLM, 말레이시아는 MM2H, 필리핀은 SRRV 등의 명칭을 사용하며, 대상연령, 예치금, VISA조건 등이 각각 다르게 운영된다.

| 시니어의 주거선택 시 참고사항 |

시니어의 주거선택 시 참고사항은 대표적으로 3가지를 들 수 있다.

1) 노인이 당면한 문제와 욕구를 충족하는 거주환경을 고려해야 한다. 예를 들면 노인성질환(문제)이 있고, 자녀와 근거리에 거주하고 싶을 때(욕구), 거주지를 자녀 주거지 근처의 노인요양시설(거주환경)을 선택하는 것이다.

2) Barrier Free Design(장애물 없는 건축설계)을 고려해야 한다. 장애인, 고령자 등 사회적 약자들이 사회생활에 지장이 되는 물리적인 장애물(문턱)이나 심리적인 장벽 등이 없도록 건축물이 설계되어야 한다.

3) 유니버설디자인을 반영한 곳을 선택한다. 유니버설디자인(Universal Design)이란 모두를 위한 설계(Design for All)라고 할 수 있다. 장애의 유무나 연령, 성별, 국적, 문화적 배경 등에 관계없이 누구나가 편안하고 안전하게 이용할 수 있도록 제품, 건축, 환경, 서비스 등을 설계하는 것이다.

참고로 유니버설디자인에는 다음과 같이 7대 원칙이 적용된다. 동등한 사용(equitable use), 사용의 유연성(flexibility in use), 단순함과 객관성(simple & intuitive), 인지하기 쉬운 정보(perceptive information), 오류에 대한 관대함(tolerance for error), 최소한의 육체적 노력(low physical effort), 접근과 사용하기 용이한 크기와 공간(size and space for approach and use).

시니어 주거의 소득창출

시니어들은 대개의 경우 자식에게 올인한 세대들이라 할 수 있다. 결혼해서 자식을 낳아 키우고 교육시켜 출가시키고 나면 정작, 본인에 대한 노후 준비가 소홀한 경우가 많다. 그래도 자기 소유의 집 한 채가 있다면 자식 눈치를 보지 않고 소득을 만들어 낼 수 있다. 주택연금 가입, 임대활동, 외국인관광도시민박활동 등으로 주거와 동시에 당당하게 소득을 만들어 낼 수 있다.

| 주택연금가입 |

주택연금이란 60세 이상 어르신들이 자기 집을 담보로 맡기고 자기 집에 평생 살면서 국가가 보증하는 연금을 평생(또는 일정기간) 동안 매월 받는 제도다. 부부 중 고령자 기준으로 만 60세 이상이고, 소유주택가격 합산 9억 원 이하면 대상이 된다.

종신지급방식 정액형의 경우(2016. 2월 기준) 주택연금 가입 당시 주택가격이 5억원이고 어르신의 나이가 65세이면 매월 134만원의 주택연금을 사망시까지 받을 수 있다. 사망 시점에 주택의 가격과 그동안의 연금수령액의 차액을 정산하여 남는 부분은 상속되지만, 부족분은 청구되지 않는다. 그 외, 재산세 감면과 대출이자비용(연금수령을 대출금으로 본다)에 대한 소득공제 혜택도 있다. 참고로 주택 외에 농지가 있다면 농지연금도 신청할 수 있다. 농지연금을 받으려면 농업인이어야 한다. 농지연금은 최소한 5년 이상 농사를 지어야 하며, 65세 이상이 대상이다.

▣ 월지급금 예시

종신지급방식, 정액형 (2016년 2월 주택기준) (단위: 만 원)

주택가격	1억 원	2억 원	3억 원	4억 원	5억 원	6억 원	7억 원	8억 원	9억 원
60세	22	45	68	90	113	136	159	181	204
65세	26	53	80	107	134	161	188	215	242
70세	32	64	97	129	162	194	226	259	286
75세	39	78	118	157	197	236	276	307	307
80세	48	97	146	195	244	293	340	340	340

| 셰어하우스 운영 |

셰어하우스는 거실, 주방 등의 공용공간에서 입주자 간의 교류가 가능한 주거형태이다. 시니어 소유 주택에 방이 여럿 있다면, 빈방을 직장인 또는 대학생에게 임대할 경우 월세 수입을 받으면서 젊은

이들과 자연스레 교류가 가능하다.

비슷한 연령대의 시니어에게 임대하는 것도 고려해 볼 수 있다. 시니어들이 함께 거주하면서 취미를 공유하거나 텃밭 가꾸기 등이 가능하다. 시니어들의 고독사, 무연사회의 등의 문제점을 일정 부분 커버할 수도 있다.

좀 더 적극적인 시니어라면 임차주택으로도 셰어하우스 사업을 고려해 볼 수 있다. 이 경우 방이 여러 개 있는 주택을 임차하여 방 하나씩을 각각 셰어하우스로 임대하는 방식이다. 여럿이 거주하기 때문에 공용공간 사용규칙 등을 만들 필요가 있다. 방 6개 딸린 주택을 3천만원 보증금에 월세 200짜리 주택을 임차하여, 방 6칸을 각각 보증금 100만원에 월세 50만원짜리 셰어하우스로 운영한다면, 약 100만 원 정도의 월 소득을 창출할 수도 있다.

| 게스트하우스 운영 |

외국어에 관심이 있는 시니어라면 게스트하우스를 운영하여 소득을 창출할 수 있다. 기본적인 외국어가 가능하면 되고, 요즘은 외국어 번역 앱이 개발되어 이를 잘 활용하면 도움을 받을 수도 있다.

게스트하우스란 도시지역 주민이 거주하고 있는 주택을 이용하여 외국인 관광객에게 한국의 가정문화를 체험할 수 있도록 숙식을 제공하는 업종으로 법적 용어는 외국인 관광 도시민박 업이다. 일종의 숙박업이므로 침구류 세탁과 청소가 주된 업무이다. 성능 좋은 세탁기와 청소기가 있으면 시니어가 운영하기에 크게 어렵지 않다. 식사는 조식을 제공한다. 게스트가 셀프로 간단히 먹고 치울 수 있도록 주방에 식빵과 달걀 등의 재료와 도구를 준비해주면 된다. 주방이나 거실과 같은 공용공간에서 게스트끼리 커뮤니티가 이루어질 수 있도록 분위기를 잘 만들어 차별화를 준다면 좀 더 다양하고 재미있게 운영할 수도 있다. 그 외에 운영자의 역량에 따라 한식으로 조식제공, 픽업이나 쇼핑, 관광, 이벤트 등의 서비스를 추가할 수도 있다.

운영조건은 사업자가 주택에 거주해야 한다. 주택의 규모는 연면적 70평 이하여야 한다. 글로벌 사이트에 유로로 가입하면 이를 통해 광고, 홍보가 이루어져 게스트를 맞이할 수 있다. 서울에서 게스트하우스가 많은 지역은 홍대 앞의 서교동, 동교동, 연남동, 서울역 앞의 서계동, 남산 주변의 필동, 회현동 명동 등이다. 일정 조건을 갖추어 구청에 신고 후 간단한 실사를 받고 운영이 가능하다.

맺음말

시니어의 주거는 주거의 형태가 매우 다양하다. 이러한 주거의 선택과 범위는 시대의 변화와 함께 시니어의 건강한 활동력과 경제력을 기준으로 이루어질 수밖에 없다. 건강과 취미, 여가, 경제력 등이 준비된 만큼 선택이 자유로울 수 있기 때문이다.

이제 우리에게는 장수의 시대, 본격적인 시니어의 시대가 다가오고 있다. 장수를 위기라고 하는 사람도 있다. 하지만 준비된 자에게 위기는 또 하나의 기회이기도 하다. 틈틈이 배우고 미리미리 준비해서 노후를 대비하고 모든 시니어가 본인이 원하는 주거를 마음껏 선택하여, 노후를 보다 즐겁고 보람되고 활기차게 보낼 수 있기를 기원해 본다.

9장

시니어로 다시 태어나다

- 60대에 시작한 New 인생 계획표

이임경

한국시니어플래너지도사협회 교육이사

동국대학교 평생교육원 시니어플래너지도사 강사

대한웰다잉협회 전문 강사

사회적기업 이풀 이사

한글다지음 성명학회 연구원

내 나이가 어때서,
인생 2막을 새로 시작하다

3년 전 어느 늦은 가을날 초저녁, 동네 공원으로 운동을 나갔다. 공원 입구에 걸려 있는 현수막에 적힌 글을 보는 순간, 온몸에 전율이 흐름을 느끼게 됐다.

"재능기부 하실 분, 모십니다."

나는 그 순간 머릿속이 하얗게 되면서 '나도 한 번 더 늦기 전에 해보고 싶다'는 생각에 잠기게 됐다.

그런데 내가 할 수 있는 재능기부가 어떤 것인지? 어떻게 해야 할지…?

그저 막연하게 재능기부를 하고 싶다는 마음과 생각만 들 뿐, 무엇을 해야 할지 알 수가 없었다. 그날 이후부터 나의 머릿속과 마음은 뒤엉켜 있는 실타래처럼 복잡하고 무거울 뿐이었다. 그렇게 시작된 고민은 한 달 넘게 계속되었다.

그러던 어느 날, 내가 취미 활동을 하며 소통하고 있던 네이버 약초 모임 밴드에 특강 정보가 올라왔다. '김선주 교수의 스피치 특강'

말하기라는 주제가 재능기부와 무슨 상관이 있나 싶기도 했지만, 나는 그 게시물을 보는 순간, 뭔지 모를 이끌림 같은 게 느껴졌다.

'그래! 여기에 가면 뭔가 생각이 좀 정리되고 길이 보일 것 같은데' 라는 생각이 들었다. 오래 망설이고 고민할 것도 없이 바로, 전화를 걸어 특강 참여 신청을 했다.

돌아오는 주말 저녁. 나에겐 조금 낯선 동네인 강남역 뒷골목에 위치한 어느 학원을 찾아갔다. 설레는 마음으로 문을 열고 들어선 그곳엔 아들 같은 나이의 대학생과 교회 전도사 활동을 오래 해온 주부, 방학을 맞아 진주에서 온 고등학교 선생님, 울산에서 강사 활동을 하고 있다는 분, 은행에서 30년 근무하고 퇴직 한 분 등 각지에서 온 다양한 사람들이 자리하고 있었다. 당시, 그 사람들 사이에 앉아 있는 내 모습은 너무도 초라하기만 한 나이 든 촌 아줌마였다. 그들보다 잘난 것도 좋아 보이는 것도 없고 자신감도 없었지만 무언가를 배워서 봉사를 할 수 있다면 좋겠다는 생각으로 눈과 귀를 열고 누구보다 열심히 강의를 들었다.

2주에 걸쳐 진행된 주말 특강이 끝나는 날. 집에 가려고 엘리베이터를 타는데 강의를 같이 들었던 여자 한 분이 나에게 다가와 잠깐 이야기를 하자고 했다. 특강을 들으며 잠깐 몇 마디를 나눴을 뿐, 잘 알지 못하는 사람이었지만… 평소 남의 말을 잘 들어 주는 편이었던 나는 '그래요' 라고 선뜻 그녀의 청을 받아들였다.

학원 밖에서 단둘이 마주 앉은 그녀가 내게 말했다. "언니한테 너무나 잘 맞을 것 같은 교육이 있어 알려 주고 싶었어요." 동국대학교 평생교육원에 '시니어플래너지도사'라는 과목이 있다는 것이다.

더 자세히 듣고 싶었지만 특강이 끝난 시간이 밤 9시가 넘은지라 밤도 늦고 집이 멀어 오래 지체할 수 없어 월요일에 만나자고 약속을 하고 서로 연락처를 주고받은 뒤 집으로 돌아왔다.

시니어플래너지도사 과정을 알려 주고 인도해준 이순재 교수와 함께

집으로 돌아가는 길, 처음 들어 본 생소한 '시니어플래너지도사'라는 것이 무엇인지? 몹시 궁금해졌다. 집에 돌아와 인터넷 검색을 해

찾아보고 아는 지인들에게 문의도 해보니 '인생 2막에 나 자신을 플랜하고 다른 사람도 플랜해 줄 수 있는 직업'이었다. 뭔지 잘은 모르겠지만, 조금 더 자세히 알아보고 싶다는 생각이 들었다.

드디어 약속한 날, 다시 만난 그녀에게 시니어플래너지도사 과정에 대한 자세한 설명을 듣고 '내가 찾고 있던 것이 바로 이거구나'라는 생각이 들었다.

50대 초반까지는 직장 생활, 장사 등 일을 하며 활발하게 생활했지만, IMF 이후 남편의 퇴직과 함께 고향 동네로 귀농해 10년 넘게 전업주부로 생활하던 내게 동국대학교 평생교육원 시니어플래너지도사 과정 등록은 인생 2막을 시작하는 엄청난 도전이자 새로운 출발이었다. 개강을 기다리는 동안 마치 초등학교 입학식을 앞둔 아이처럼 들떠 잠이 오지 않을 정도였다.

드디어 개강일. 콩닥콩닥 뛰는 가슴을 안고 스무 살 대학생의 설레는 마음으로 강의실에 들어섰다. 각계각층의 남녀 17명이 함께 강의를 듣게 되었다. 교수님들과 학생들이 각자 자신을 소개하며 인사를 했다. 모두의 소개를 듣고 난 후 난 조금 놀라게 되었다. 내 나이가 제일 많았던 것이다. 평소 나이에 대해 크게 생각하지 않고 있었는데…. 문득, 나이가 많다는 것이 스스로 부담이 되는 듯했다.

또 하나… 내 학벌에 조금 소심해져야 했다. 나는 11남매 중 열째

동국대 평생교육원 시니어플래너지도사 강의

로 자랐다. 고등학교 3학년 때 선생님이 대학에 갈 수 있다고 권유했고 집안이 어려운 형편은 아니었으나 시골에서 농사지으시던 부모님께서 막내딸까지 대학에 보내기란 당시엔 조금 무리였다. 내가 욕심을 더 냈더라면 어렵게라도 보내주셨겠지만 그러지 못했다.

대학은 가지 못했어도 고등학교 졸업 후 군청에 근무하며 일을 하고 결혼 후에도 50대까지 쉬지 않고 다양한 직업을 가지며 나름의 스펙을 쌓아 왔다고 생각했지만…그곳에서 만난 사람들의 스펙에 조금은 움츠러드는 기분이 들었다.

하지만 인생 2막을 시작하겠다고 문을 두드린 만큼 나의 마지막 열정으로 극복하리라 마음을 다잡고 모범생 모드로 학교에 다녔다. 아들, 며느리와 손녀 생일을 맞아 함께 제주도 가족 여행을 갔다가도 나는 수업에 가야 한다고 하룻밤만 자고 돌아오는 등 한 번의 지각, 결석 안 하고 성실하게 다녔다.

그러던 중 종강을 앞두고 있을 무렵 주임 교수님이 다음 학기에 진행 교수를 해보라고 제안했다. 나는 순간 또 머릿속이 복잡해졌다. 누군가의 앞에서 진행을 해 본 적도 없을뿐더러, 내가 어떻게 진행 교수를 하나 하는 걱정이 앞서서 사양을 했다.

교수님께서는 다시 말했다.

“왜 그러세요? 저 사람 잘 봅니다. 약초 공부하셨죠. 성명학 공부하셨죠. 그러면 시니어 모델이십니다.”

그 얘기를 듣는 순간 머리를 한 대 맞은 것 같은 느낌이 들면서 ‘교수님이 저렇게 믿어 주는 한번 해 봐?’라는 생각이 들어 어떨결에 “그래요. 그럼 해 볼게요”라고 대답을 했다. 하지만 돌아서는 순간 뭘 어찌해야 하나 무거운 짐을 지고 있는 듯 무거운 어깨와 마음에 하루하루가 편치 않은 걱정의 나날을 보냈다.

돌아올 수 없는 다리를 건넌 이상, ‘그 까짓것 한번 해보자’는 마음으로 다음 학기 시니어플래너지도사 과정 진행 교수를 하게 됐다. 처음이라 실수도 있었지만 주변 사람들의 도움을 받으며 별 탈 없이 무사히 잘 마쳤다. 진행 교수를 하면서 조금 더 욕심이 생기고 자신감도 생겨 좀 더 나를 발전시키기 위해 여러 가지 배움에 도전했다.

동국대 다니던 중에 또 다른 신기한 경험을 하게 됐다. KBS 방송국 〈명견만리〉 프로그램 녹화에 방청객으로 가게 됐는데, 우연히 방청객 인터뷰를 통해 출연을 하게 됐다.

녹화 당시 내가 어떤 말을 어떻게 했는지 잘 기억이 나지 않았는데, 방송이 되던 날 마이크를 받아 들고 하나도 떨지 않고 당당하게 답변을 하는 내 모습에 내가 놀랐다. 어디서 그런 용기가 나왔는지… 나 스스로 자랑스럽고 뿌듯했다. 잘 생각해 보니 그런 것도 시니어플래너지도사 과정을 통해 나에게 그런 역량이 생겼던 것 같다. 그렇게 나의 새로운 인생 2막이 시작되었다.

죽느냐 사느냐보다 어떻게 살다 죽을 것이냐가 문제다!

강사라는 타이틀을 달고 동국대 평생교육원 시니어플래너지도사 5기, 6기, 7기, 8기 과정에서 10년 넘게 심취해 나름 노하우를 쌓으며 연구해 왔던 약초 활용 강의를 하게 됐고, 또 어느 날은 200명이 모인 노인대학에서 강의할 기회도 있었다.

동국대 평생 교육원에서 행복한 여가 생활 약초 활용법 강의 모습

하루하루가 꿈길을 걷는 듯했다. 처음엔 못할 거라 생각했던 일들을 하나둘 해 나가면서 신기하기도 하고 재밌기도 하고 말 그대로

꿈같은 나날을 보내며 나는 가끔 혼자 말을 하곤 한다.

'준비된 자에게 갈구하는 자에게 기회가 생긴다지?' 이 말을 되새기며 나는 또 다른 준비를 계속해 왔고 지금도 새로운 배움을 멈추지 않고 있다. 그동안 스피치, 웃음치료, 푸드테라피, 성희롱예방교육, 학교안전교육 등등 여러 가지 다양한 교육 과정을 거치며 여러 장의 자격증도 취득했다.

처음엔 기부할 수 있는 재능이 없었지만 하나둘 배워 나가며 재능기부도 하고 지금까지와는 달라진 삶을 살기 위해 내 재능을 늘려나가고 있다. 그렇게 배움의 길을 늘려나가던 중 또 한 번 가슴을 뛰게 하는 교육을 만나게 됐다. 바로, '웰다잉'이다.

'웰빙'이라는 말은 많이 들었지만 웰다잉은 처음 접한 단어라 생소하기만 했다. 찾아보니 죽음을 잘 준비한다는 말이었다. 나의 마지막도 준비하고 다른 이들의 준비도 도와줄 수 있다는 의미였다. 이것 또한 시니어플래너지도사라면 필수로 배워야겠다는 생각이 들었다. 그래서 망설임 없이 또 도전을 했다.

나이가 들어가면서 가족 친구 주변 사람들이 하나둘 떠나가는 모습을 보며 죽음이라는 것이 나에게도 언젠가는 찾아오겠지라는 생각을 하며 겁이 났지만, 미리 체험할 수도 없는 일이고 아직은 막연할 뿐 나 또한 죽음에 대한 준비를 어떻게 해야 할지 알지 못했었다.

그런데 웰다잉을 공부하며 죽음에 대해 많이 알게 되고 생각이 바뀌게 되었다.

모든 사람은 태어나서 잘 살다가 필연적으로 죽음을 맞이한다. 조물주께서는 모든 것을 만들었다지만 인간이 미래를 볼 수 있게는 안 하셨기에 언제 어디서 어떻게 죽음을 맞이할지는 누구도 모른다. 따라서 사회적으로 죽음이라는 말은 부정적이고 슬픈 일이라

웰다잉 전문 강사로 활동하는 모습

함부로 하지도 듣기도 싫어한다.

웰다잉은 누구나 맞이할 수밖에 없으면서도 부정적으로만 생각하는 죽음에 대한 의미를 긍정적으로 받아들이는 것은 물론 과거와 현재, 미래를 통찰하면서 잘 준비할 수 있도록 도와주는 일이다.

불필요한 의료 행위라던가 과소비되는 장례문화, 내가 꼭 풀어야 할 사람과의 용서와 화해, 재산 정리 교육, 남기고 싶은 말까지도 본인이 아름답게 정리하면, 남은 삶이 더 행복해질 수 있다는 사실을 웰다잉을 통해 알게 되었다.

그렇게 배움을 통해 내 것이 된 웰다잉을 다른 이들과 공유하기 위해 활동을 시작했다. 경로당과 복지관에서 어르신들과 소통하며 웰다잉을 전달하면서, 내가 더 행복하고 즐거움을 느끼는 강사가 되어 가고 있는 중이다.

별희, 명준 엄마에서
이임경 강사라는 내 이름을 찾다!

나의 인생 1막은 그냥 남들처럼 막연하게 잘 될 거야로 살다가 뒤돌아보니 나에게도 꿈이 있었고 가슴 속 깊은 곳에 소망이 있었구나 하는 뒤늦은 후회가 있었다.

하지만 지금은 100세 시대라 하지 않는가! 그렇다면 나에겐 아직 40년 정도의 시간이 남아 있다. 그러므로 인생의 2막을 훗날 후회하지 않기 위해서 나는 오늘도 멈추지 않고 달리는 것이다.

하루도 쉬는 날 없이 여기저기 다니는 나를 보고 주변의 친구들은 "나이 들어 힘든데 왜 그렇게 고달프게 다니냐"고 묻는다.

하지만 난 당당하게 얘기할 수 있다. "호랑이는 죽어서 가죽을 남기지만 사람은 죽으면 이름을 남긴다는 말이 있듯이, 내 인생을 마감할 때까지 배워서 남에게 도움이 될 수 있는 일이 있다면, 또 인생 2막에 더 나이가 들어서도 외롭지 않으려고 그런다"라고 말이다.

십여년 전 남편이 퇴직 후 고향인 김포로 내려와서 약초 공부를 하면서 내 몸이 건강해지고 주위 사람들에게 도움을 줄 수 있었다. 막연하게나마 노후에 좋은 사람들과 같이 공동체 힐링센타를 생각하고 많은 준비를 했던 것이 지금의 나를 만들어 갈 수 있는 징검다리가 된 것이 너무나 고맙고 나의 자존감과 행복지수를 높여 주는 일이 될 줄은 몰랐다.

행복지수 상승으로 행복한 요즘

한 번 인연을 소중히 생각했기에 지금 30년 40년 된 지인들과 친구들이 나의 후원자이고 동반자가 되어주는 것에 언제나 고맙고 감사하게 생각한다. 요즘 들어 신이 있다면 나에겐 사람을 주신 것 같다는 생각을 많이 한다.

나는 물질적으로 넉넉하고 여유롭지 못해 내가 줄 수 있는 것은 별로 없었다. 그래도 항상 주변에 좋은 사람들이 많았다. 그래서인지 지금까지 선남선녀 여덟 쌍을 맺어 주기도 했다. 다들 나보다 잘 살고 잘 됐다. 너무나 고마운 일이다. 주위 사람들이 잘 되고 잘사는 모습을 보면 나도 부자가 된 것 같았다. 보람도 느끼고 나의 행복지수는 점점 올라갔다.

나는 지금 시니어플래너지도사, 웰다잉 강사 활동 외에도 한글 구성 성명학(인문학) 공부도 4년 전부터 하고 있다. 많은 사람들과 인생 상담을 하면서 너무나 재미나게 사람 사는 이야기를 할 수 있다는 것이 마냥 행복하다.

나에겐 인생 2막에 여가 생활이 여러 개의 명함을 만들어 주었고 보람과 새로운 꿈을 꿀 수 있는 계기가 되고 있다.

유엔에서 정한 나이로 본다면 나는 아직은 청년과 장년의 문턱에 걸려 있다. 앞으로 건강만 허락된다면 100세까지도 여러 사람들과 소통하며 외롭지 않게 살아가고 싶은 소망이 있다.

지금까지의 내 인생을 돌아본다면 10대엔 철모르는 막내딸로 곱게 자랐다. 6·25 이후 모두 어려운 시기였지만 좋은 부모님 밑에서 다른 형제들에 비해 많은 것을 누리며 남들보다 잘 자랐고 생각한다.

20대엔 직장 생활하다 결혼적령기에 무난히 결혼해서 아들, 딸 낳고 셋방살이부터 시작해서 집 장만하는 희열도 느껴보고 크고 작은 힘든 일도 있었지만 평범하게 나름 잘산 것 같다. 30대엔 학부모로서 두 아이 덕분에 행복하고 안정된 가정생활을 보냈다.

40대엔 아이들의 엄마, 남편의 아내보다는 나의 자유와 여유를 조금이나마 누려도 보았다. 그 시기 국내외여행을 많이 다니며 세상을 보는 눈도 많이 넓어졌다. 50대엔 인생의 고비를 맞으며 귀로에 서기도 했다. IMF 여파로 남편의 갑작스러운 명예퇴직과 함께 엎친데 덮친 격으로 몸과 마음에 병이 생겼지만 그 때문에 약초 공부를 하면서 많은 것을 극복할 수 있었다.

60대, 지금 나는 가장 활발하게 나를 표출하는 시기를 맞이하고 있다.

인생 2막에 이게 무슨 일일까? 싶을 정도로 꿈에도 생각지 못하게 이렇게 책까지 쓰게 되는 일이 생겼으니 말이다. 나를 아는 사람들은 내가 자존감이 높아 보여 좋다고 말해 주고 있다. 너무나 고마운 일이다.

우리 가족에게 고맙고 특히 살림은 뒷전이고 매일 나가는 나를 이해해준 남편과 늦은 귀가 때마다 기다려주고 픽업해 주는 나의 보호자 역할을 해주는 딸에게 고맙다. 여기까지 올 수 있게 인도해주고 격려해 주는 이순재 교수님, 김대정 주임 교수님께 특히 고맙다는 말을 하고 싶다.

이런 나의 삶이 작게나마 인생 2막을 준비하는 분들에게 도움이 될 수 있었으면 하는 바람이다.

10장

시니어의 마음 다스리기

임명희

부부·가족치료사, 부모교육 수석강사

한국시니어플래너지도사협회 교육이사

한국시니어행복코칭협회 회장

한국가족심리연구소 소장

지역사회교육실천본부 부모교육수석강사. 연구교수

상명대학교, 안산대학교 외래교수

가족의 마음은 순환적 인간관계

가족은 사회를 이루는 기초 단위이며, 하나의 유기체로서 체계적 시스템으로 본다. 개인의 감성문제는 타인과의 건강하지 못한 상호작용에서 기인한다고 생각한다.

가족구성원의 마음을 잘 다스리고 감정해결을 위해서는 체계적 관점으로 보는 것이 중요하다.

개인들의 심리 내면이나 특성은 가족구성원들 사이의 상호작용에 초점을 두고 가족체계 속의 상호교류 작용에서 개인의 행동, 감정, 생각, 욕구, 셀프가 체계적으로 변화한다. 즉 가족 내에서 일어나는 감정적인 문제들을 이해할 때 순환적인 인간관계로 생각하는 것이다.

한 개인의 행동이 다른 가족의 감정과 행동에도 영향을 준다는 관점과 가족의 반복적인 상호작용의 순환 고리에 초점을 두어 가족구성원 모두가 다른 가족에게 영향을 미친다는 관점으로 가족 역동을 파악하면 가족들에 대한 이해가 높아진다.

가족들이 대화할 때는 대화의 내용보다 대화의 과정에서 초점을 두어야 한다. 즉 가족 간에 상호작용을 파악하는 것이다. 가족문제로 인해 겪는 어려움에 대해 서로 공감할 줄 알고 가족들이 맺고 있는 순환적인 관계에 대해 좀 더 초점을 맞추며 자신과 가족에 대한 이해를 높여야 자신의 마음과 가족의 마음을 이해할 수 있다.

가족 내에는 조부모, 부모, 부부, 자녀, 형제, 자매, 손자녀 등의 하위체계가 있다. 마음을 잘 다스리기 위해서는 각각의 작은 하위체계가 매우 중요하다. 그중 가장 중요한 것은 부부체계이다. 부부체계가 건강하면 각각의 하위체계도 건강하기 때문이다.

명확한 경계선을 지닌 가족의 위계구조는 건강한 가족체계로서 가족 상호작용에서 자존감이 높은 사람으로 성장한다. 반면 부모체계, 부부체계, 부모-자녀 체계 등 각각의 하위체계의 경계가 없거나 경직, 밀착되어 있다면 역기능적인 상호작용으로 인하여 마음이 다스려지지 않아 분노가 생기고 가족 간에 정서적 단절이 생겨난다.

가족치료사인 보웬은 불안은 급성불안과 만성불안이 있으며 사람은 분화수준이 높아야 한다고 말한다.

분화에는 기능분화와 기본분화가 있고 가족관계에서 다세대 전수가 되는 삼각관계, 정서 과정이 다음 세대에 전달되는 과정으로 불안이 증가한다. 또한 형제 순위별 특성에 미치는 영향도 각각 다르다. 성장 과정 중 원가족의 암묵적 규칙과 명시적 규칙 두 가지가 만들어진다고 보는 것이다.

이것이 현재 핵가족에 영향을 미쳐 삼각관계가 형성되고 부부의 불안감소를 위해 제3자인 자녀를 끌어들여 자신의 감정을 투사하고 밀착시켜 자녀발달을 저해시킨다. 이와 같은 가족투사는 미해결 정서문제인 만성불안, 감정 반사적 행동을 가져와 마음을 다스리지 못하고 반복적으로 역기능적인 순환 과정을 일으킨다.

이러한 과정은 역기능을 가져오는데 그 양상은 다음과 같다.

- 부모가 지나치게 자녀를 통제하고 간섭한다.
- 자녀가 한쪽 배우자를 배제하고 다른 부모의 편을 든다.
- 자녀가 부모를 보호하면서 자녀가 부모화한다.
- 부모의 불화로 자식을 편들어 달라고 끌어들여 삼각관계를 형성한다.

- 부모와 자녀 사이, 부부 사이에 정서적인 단절이 온다.
- 상처 되는 감정을 경험하고 거부와 소외감을 느끼며 사랑의 결핍을 경험한다.

이러한 것들을 체계적 관점으로 이해해야 한다.

감정 이해하기

감정이란 자기 자신의 마음 상태이다. 심리학자들은 감정이라는 용어를 여러 가지로 다르게 사용하기도 하나 한 개인의 '내면 상태'라고 한다. 독일의 철학자 이마누엘 칸트는 'affect'라고 부르는데 마음의 유쾌한 상태, 불쾌한 상태를 감정이라고 한다. 즉 부정적 감정 없이는 긍정적 감정이 있을 수 없음을 말한다.

우리가 행복한 노후를 위해 마음을 다스리기 위해서는 활력을 떨어뜨리고 고통을 주는 감정은 멈추어야 한다. 그러나 긍정적인 감정은 부정적인 감정의 밑받침이 된다는 것을 알고 부정적 감정은 우리를 도와주는 시스템이며 어떤 행동을 취하라는 행동의 신호이기도 하다.

인생의 행복과 불행은 부정적 감정의 경험을 많이 하느냐, 긍정적 감정의 경험을 많이 하느냐에 따라 달려있다. 우리가 경험하는 부정적 감정을 긍정적 감정의 경험을 많이 할 수 있도록 우리는 감정을 잘 다스려야 한다.

인간관계에서 경험한 내면의 긍정적 감정들은 자신감과 자존감이 높아진다. 부정적 감정을 경험하여 표현을 하지 못하거나 억압을 하는 경우가 있다. 이렇게 해결되지 못한 감정들은 심리 내면에 축적되어 자존감 형성에 부정적 영향을 미치고 행복하지 못하다고 생각하게 만든다. 때문에 자신의 감정을 표현할 수 있고 타인의 감정에 공감할 수 있는 방법들을 알아야 한다.

사람들은 자신이 경험하는 감정들이 긍정적 에너지와 부정적 에너지로 나누어지는 것을 경험한다. 인생의 행복과 불행은 감정 처리 여하에 달려있기 때문에 부정적 감정을 긍정의 감정으로 변화시키기 위하여 자신의 마음을 잘 다스리는 것이 매우 중요하다.

감정에 대한 인식을 다음과 같이 이해해야 마음 다스리기에 도움이 된다.

1. 인간은 누구나 매 순간 본인이 감지하든 못하든 어떠한 감정을 느낀다.
2. 무용지물인 감정은 없다.
3. 어떤 감정은 절대 표현하지 말고 참아서는 안 되고 적절하게 표현을 해야 한다.

4. 모든 감정은 예외 없이 유익하게 사용될 수 있다.
5. 어떤 감정들은 죄악시해서는 안 된다.
6. 모든 감정은 나 자신의 인격성장과 이웃과의 의사소통을 위해 사용할 수 있다.
7. 불미스러우며 우리 성장에 장애물인 감정이 있다.
8. 다양한 감정을 경험하는 것은 자연적인 것이다.
9. 억제하거나 무시해버려야 할 감정은 없다.
10. 모든 감정은 두려움 없이 대해야 한다.
11. 어떤 때는 혼합된 감정을 느낄 때가 많다.
12. 선하거나 악한 감정이 있다.

자신의 핵심 감정이 무엇이고, 즐거운 감정과 고통을 주는 감정들이 내 삶을 주도해간다면 나의 삶에 어떤 변화가 일어나는지 깊이 탐색하는 시간을 가져봐야 할 것이다.

자신의 감정을 탐색하기 위하여 다음과 같은 질문을 스스로 하여 감정을 존중하고 효과적으로 마음을 다스려야 한다.

- 나는 감정을 어떻게 다루는가?
- 나의 감정을 안에 두는가? 감추는가?
- 나의 감정을 누구랑 나누는가?
- 나의 감정을 알아차리고 인정하는가?

- 나는 자기 공감을 하는가?
- 나는 감정의 주인인가?
- 자기로부터 감정을 분리하는가?
- 나의 감정은 어떤 신체적 경험을 하는지 자각하는가?
- 감정이 해결되면 자신이 어떻게 달라질 수 있는가?
- 나는 분노감정을 건강하게 표현할 수 있는가?

분노감정 이해하기

분노는 분명한 이유가 있어서 생겨나며 분노를 우리의 인생에서 완전히 없애는 것이 불가능하다. 분노반응의 결정들은 인지 과정에 대한 해석 때문이라고 본다. 그렇기 때문에 분노의 핵심 요인은 인간의 인지구조에 원인이 있으며 분노는 공격성을 유발시키며 분노의 원인 중 하나는 욕구 좌절 때문이다. 이로 인해 분노와 공격성으로 표출되기도 한다. 마음을 잘 다스리기 위해서는 분노가 유발되는 상황을 잘 파악하고 분노가 표현되는 과정들을 이해하며 분노에 대한 대처방법을 강구하여야 한다.

분노를 유발시키는 3가지 요인으로는 자신에 대한 분노와 타인에 대한 분노로 나뉜다. 자신에 대한 분노는 불안, 죄의식, 우울증, 수치심, 자기비하 등으로 나타나고, 타인에 대한 분노는 분노, 적대감, 공격성, 격분, 반항 감정 등으로 나타난다.

또 세상에 대한 분노는 자기연민과 누구나 모든 것을 독단적, 독재적인 방법으로 통제해야 한다는 관념을 가지게 한다. 이런 부정적 정서 경험을 조절하기 위해서는 마음을 다스리는 연습이 필요하다.

마음을 잘 다스리기 위해서는 가족의 분노감정에 대해 관심을 기울여야 한다. 가정 내에서 일어나는 어떤 폭력 행동도 정당화할 수 없으나 분노감정에 대해서는 충분히 인정하고 수용과 공감을 해주어야 한다. 그리고 분노감정과 관련된 미해결 과제를 다루는 근본적인 변화가 필요하다. 폭력 행위자는 일종의 대처방식으로 폭력 행동을 선택하기 때문이다.

가정폭력은 가족들의 분노가 조절되지 않을 때 유발할 가능성을 지닌 중요한 신호이다. 분노는 감정과 행동의 두 부분으로 나누어진다. 분노 감정이 폭력적인 행동으로 이어지지 않도록 분노를 조절할 수 있는 힘과 능력을 키워나가야 한다. 만약 가족의 폭력적인 행동이 변화를 원한다면 분노감정을 충분히 다루지 않고서는 매우 어려운 일이다. 사람들 대부분이 내재되어 묵었던 분노감정이 자극될 때 폭력적인 행동을 낳기 때문이다.

분노폭발은 부적절한 의사소통방식이다.

분노가 폭발하는 순간은 자기(나-중심)가 주인이 아니라 분노가 주인이 된다.

대처방식

인간관계에서의 대처방식은 관계를 맺는 방식, 자신의 보호방식, 의사소통방식, 상호작용방식을 말한다. 자녀는 어린 시절에 부모가 격렬하게 싸우는 모습을 보는 경우 공포, 두려움, 분노, 증오, 혐오감을 느끼면서도 아무런 대처도 못 하고 무기력감을 경험한다.

이때 한쪽 부모에 대한 증오심, 다른 쪽 부님에 대한 불쌍함을 느끼면서 아무 행동도 할 수 없는 자신에게 다시 무력감을 경험한다. 이로 인하여 아이는 마음과 감정의 문을 닫게 되고 생각조차도 할 수 없게 된다. 표면적으로는 다른 사람의 비위를 맞추는 대처방식이 형성될 수 있다.

이러한 경우에는 누구에게도 말할 수 없어 내면의 감정을 해결하지 못하고 그 감정을 위로받은 경험과 표현을 해본 경험이 없어 감정을 억압하고 표현이 안 된다.

이때의 감정 자체는 없어지는 것이 아니므로 억누르기 위해 많은 에너지가 소비되고 머리와 가슴 사이에 강한 벽이 생겨 내재된 분노가 쌓여간다.

분노감정 아래에는 기대와 욕구가 충족되지 않은 상처와 실망감, 좌절감으로 인한 두려움이 있다. 이러한 '자기'는 불안정 상태가 되어 화를 내고 겉으로는 폭력 행동으로 표현된다.

분노 아래에 숨겨져 있는 두려움, 슬픔, 상처가 자극되어 부정적으로 가족의 상호작용 및 대처방식이 순환적으로 나타난다. 이로 인한 가정폭력은 가족구성원이 경험하는 심리적 역동이 외적으로 드러나는 사건이 되어 가족에서의 경험이 그다음 세대에 이어져 나타나기도 한다.

그러므로 내면의 변화를 위하여 마음일기를 통한 내면탐색으로 새로운 행동을 가능하게 하여야 하며, 더 나은 다른 행동을 선택할 수 있는 힘을 가지도록 자존감을 높여야 한다. 자존감을 높여야만 그 다음 세대에 정서적으로 안정되어 건강한 대처방식으로 행동할 수 있다.

새로운 대처방식은 언제든지 배울 수 있다. 그리고 역기능적 대처방식도 긍정적인 자원이 있다.

사티어는 자기주장의 힘과 리더십이 있는 비난형, 감수성이 높고 돌봄과 민감성이 높은 회유형, 합리적이고 이성적인 초이성형, 순발력과 분위기를 띄우고 긴장을 완화시키는 부적절형(산만형)이 역기능적인 방법이긴 하나 모두 각각의 장점이 있다고 한다. 건강한 사람은 나, 너, 상황에 대해 일치하는 방식으로 대처하는 사람이 자존감이 높고 성숙한 사람이라고 한다.

대처방식은 나, 상대, 상황에서의 역동이기 때문에 대처방식을 이해하기 위해서는 그 시점에서 일어나는 심적 과정을 역동적으로 이해해야 한다. 그리고 자신의 심리 내면과 외적 행동의 일치를 위해서 내면을 자각하고 외부와의 일치, 상황에서의 적절한 조화를 고려하여 타인과 교류해야 한다.

부부, 부모-자녀. 형제-자매 사이에서 자기 자신, 욕구, 감정, 생각·등 심리 내면의 어느 부분에서 차이가 발생하는지, 이러한 차이가 어떤 과정을 통해서 갈등으로 발전하는지 주목해야 한다. 그리고 각자 자기 삶의 중심이 되어, 가치 있는 사람으로 경험할 수 있도록 가족 모두 새로운 선택을 통해 긍정적인 변화에 뿌리를 내리도록 돕는다. 이는 가족 모두가 다르게 행동할 것에 대해 구체적인 계획을 세워 실천하고, 마음을 다스리기 위해 서로의 욕구, 감정, 생각을 소중하게 여기며 자신, 타인의 존재 자체를 존중하는 태도가 기본적으로 필요하다.

모든 사람들은 어린 시절에 부모의 대처방식이 뇌에 저장되어 무의식적으로 이를 배워 사용하게 된다. 현재와 미래의 긍정의 감정을 경험하고 노년기에 행복한 삶을 살기 위해서는 건강하게 마음을 다스리고 화를 표현하는 방법을 배우고 익혀야 한다. 자신의 대처방식에서 자원을 활용하여 나, 너, 상황에 맞게 일치하는 방식을 사용하는 것이 가족과 함께 행복한 시니어로서 노후의 삶을 살아가는 가장 좋은 방법이다.

행복지수 상승으로 행복한 요즘

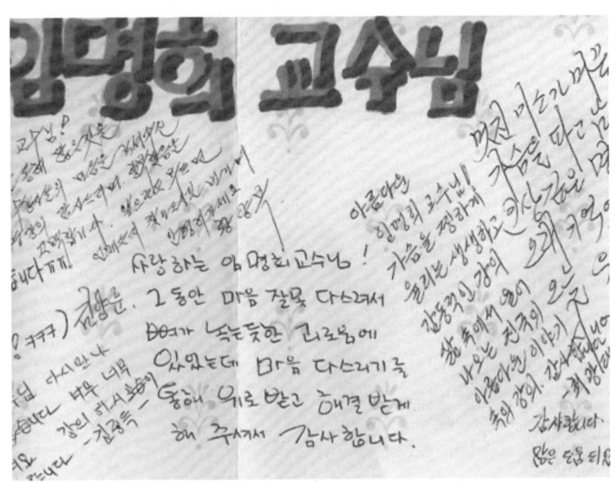

호주 시니어 마음 다스리기 강의 소감문

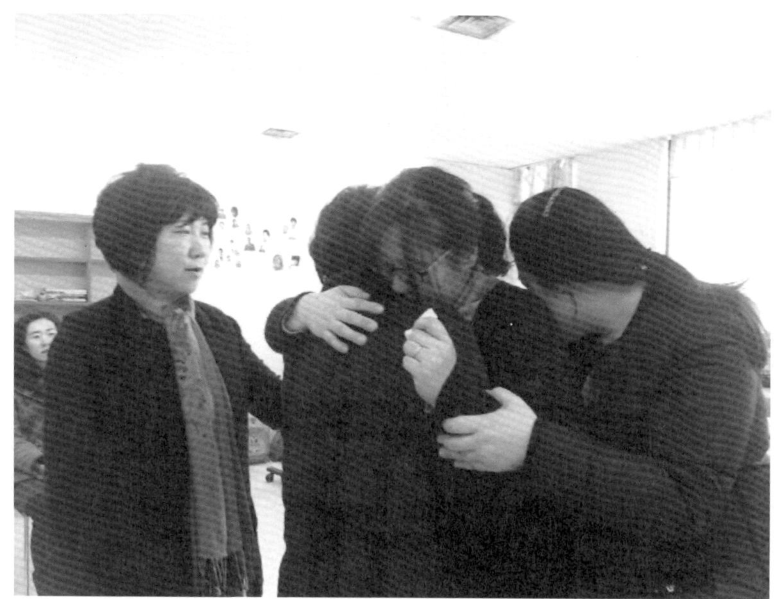

마음다스리기

학부모 마음 다스리기

가족마음 다스리기

아버지들의 마음 다스리기
한국가족심리연구소에서 010-5555-5544

비합리적인 가족신념

가족체계가 안정적으로 유지되기 위해서는 가족구성원들에게 규칙이 필요하다.

이 규칙은 가정생활이나 사회생활의 적응에도 중요하며 특히 엑설런트 시니어로서 삶을 살아가는데 반드시 필요하다. 그러나 여기서 말하는 가족규칙은 가족체계의 역기능을 강화시키고 가족체계를 불안정하게 하는 가족규칙을 말한다. 이러한 가족규칙은 더 강하게 요구되어 가족체계의 항상성을 유지시켜주지만, 각 가족구성원은 개체성을 잃어버리고 성장에 방해가 된다.

가족규칙 형성 과정은 먼저 부모가 성장 과정에서 배운 것을 그대로 자녀에게 전달하게 된다. 도움이 된 것, 도움이 되지 않는 것은 물론 자신의 삶에서 이루지 못한 것, 혹은 결핍된 것들로부터 가족규칙을 만들어 강력하게 요구하고 서로의 감정에 무의식적으로 영향을 받기도 한다. 이때 생겨난 감정을 다루기 위해서는 비합리적 신념을 합리적으로 변화시켜야 한다.

가족규칙에는 암묵적 규칙과 명시적 규칙이 있다. 규칙은 사고과정을 제한시킬 수 있기 때문에 긍정적인 '자기'를 형성하는 데 걸림돌이 될 수 있다. 또한 비합리적 규칙들은 자녀의 내면 전체에 영향을 미친다.

가족규칙의 긍정적 의도는 인정하고 지키되 부정적 영향을 주거나 자녀의 성장에 방해가 되는 비합리적 가족규칙과 '나'는 분리시키는 것이 중요하고 순기능적인 가족이 되도록 합리적 규칙으로의 변화가 필요하다.

자존감

자존감은 자아존중감, 자기존재감을 말한다. 자존감은 부모의 자존감 정도에 따라 영향을 받고, 타인존중과 자기존중의 균형, 자아의 개념, 자기보호, 자기사랑, 신체적 돌봄 정도, 의사소통 방식, 갈등해결 방식 등과 연관이 있으며 성장 과정 중 가족의 영향을 받는다.

자존감이 높은 사람은 다음과 같은 사람이다.

- 자신의 감정을 인식하고 충분히 느끼고 타인의 감정도 인정해주는 사람이다.
- 자신의 생각을 합리적으로 바꾸는 사람이다.
- 자신의 기대를 타인 상태의 기대를 파악하여 해결 가능한 방법으로 다루는 사람이다.
- 자신의 욕구를 타인의 욕구를 훼손시키지 않는 범위에서 충족하는 사람이다.
- 자기존재감의 가치가 높고 타인의 존재감을 존중하는 사람이다.

- 자기존재감을 충분히 경험하는 사람이다.
- 충만한 삶의 에너지를 경험하는 사람이다.
- 자신을 있는 그대로 좀 더 편안하게 드러내는 사람이다.
- 자신이 중심이 되어 타인과 적절하게 조화를 유지하는 사람이다.

자존감이 낮은 사람은 다음과 같은 사람이다.

- 자기존재감이 없는 사람이다.
- 내면의 자기 핵심을 경험하는데 어려움을 겪는 사람이다.
- 텅 빈 나, 혼란스러운 나, 작아진 나, 위축된 나, 상처 입은 나, 과보호하는 나 등으로 자존감이 손상된 상태를 경험한 사람으로 회복이 안 된 사람이다.
- 나 자신이 중심이 아니고 타인이 자신 안에 들어와 있어 가짜 자기나 우월자기로 사는 사람이다.

인간은 가족을 통해 의식적, 무의식적으로 상호작용하며 영향을 주고받는다.

아이를 양육해본 경험이 있는 부모라면 한 번쯤 경험했을 수 있는 예를 들어보자.

아이가 지나가는 차에 돌을 던지자 부모는 즉각 화를 낸다. 이때 불안이 스트레스가 되어 얼마나 빨리 화로 전환하는 것을 알게 된다. 차의 경적 소리와 돌을 던진 아이의 모습은 반사적으로 부모에게는 참기 힘든 반응을 일으키게 되어 아이에게 고함치고 어깨를 움켜잡게 된다.

부모는 안전의 욕구 때문에 두려움과 당혹스러움을 화로 표현하게 되고, 자녀는 놀라고 당황하며 부모에 대한 부정적 감정이 생겨난다. 이때 자녀의 불안이 증가되어 감정정화가 필요하다.

자녀들은 부모도 사람이기 때문에 분노를 포함한 다양한 감정을 느끼는 것에 대해 자연스러운 것임을 받아들여야 한다. 그리고 부모들이 분노감정에 대한 총체적인 이해가 없이 무절제하게, 분노를 표출하면서, 체벌이나 아동학대까지 이어질 때 자녀의 마음에 크나큰 상처를 남기게 된다. 상처를 주고 난 후 부모 자신도 죄책감을 가지게 된다.

이때 이렇게 부모의 극심한 분노에 노출된 자녀는 그렇지 않은 자녀들보다 훨씬 공격적이며 건강한 사회인으로 성장하기 어렵다. 또 성인이 되어 결혼한 후에도 원가족인 부모의 분노 표출 방식이 그대로 나타나 자녀에게 상처 주는 분노행동들이 부지불식간에 표출되어 자존감에 영향을 미치는 등 다음 세대에도 영향을 준다.

가정에서 자녀를 자존감이 높은 건강한 사람으로 성장시키기 위해서는 부모 자신의 욕구와 자녀의 욕구를 조화롭게 충족시킬 수 있는 능력을 키워나가야 한다. 또 분노와 공격성을 조절하는 방법을 부모가 먼저 배워 마음을 다스릴 줄 알아야 그다음 세대도 자신의 분노감정을 잘 다스려 자존감이 높은 사람으로 성장해 나갈 수 있게 된다.

자신과 만나는 사람만이 자기를 사랑할 수 있다

'자기'(self)는 '나'라는 존재의 핵심이다.

사람은 자기 자신의 주체적인 삶을 영위해 나갈 때 행복한 삶을 살 수 있다. 그러나 자기가 허약하면 감정, 생각, 기대, 욕구 등이 생존을 위한 스트레스 상황에서 자기를 대신하여 허약한 나(self)가 앞으로 나아가서 심리 내면의 전체를 지배하게 된다. 이때 자기는 더욱더 약해진다. 즉 자기의 상실로 자기를 보호하려다가 화가 나고 폭력적인 행동으로 상대방을 통제하려 들거나 심하면 정신적 문제가 생기게 되어 자신을 분열시키기도 한다.

다시 말해 지나치게 자기를 보호하려다가 '가짜 자기'를 형성하고 '진짜 자기'를 상실한 사람들은 자기를 매우 수치스럽고 부족한 존재로 느끼기 때문에 자존감이 낮다. 이로 인해 긍정적인 생명의 에너지와 만나지 못하고 자기 가치감이 낮아 더욱더 분노가 커져 격노 상황의 행동을 하기도 한다. 또한 자기를 과소평가하면서 자기의 부정적 측면에만 동일시하여 '열등자기'를 형성하고 세상과 자신을 부정적으로만 경험한다. 반면 자기를 과대평가하면서 '우월한 자기'로 동일시하여 진실한 자기와 만나지 못하고 가짜자기로 사는 사람은 공허하고, 슬프고, 수치심으로 인한 화가 축적되어 진정한 자신의 삶을 살지 못하게 된다.

자존감이 낮은 사람들은 미해결된 감정들이 엉켜있기 때문에 자기와 만나지 못한 상태의 괴로움에서 벗어나지 못한다. 누구든지 인간은 개인의 독특성과 잠재력을 지닌 독립된 존재로서 개체성, 자율성, 독립성을 발휘할 수 있는 무한한 잠재능력을 지니고 있다. 그러므로 '긍정적인 사람으로 변화 가능하다'라는 인간관을 가지고 생명력 있는 에너지의 힘을 회복하여야 한다.

즉 생명력 있는 에너지를 키워 '자기-self'가 외부의 영향을 받지 않고, '진짜자기'의 본질적 상태로 살아가면서 생명의 에너지와 연결되어 우리 안의 생명력을 받아들이고 나의 존재가 편안한 상태로 머물게 되면 행복한 삶을 살 수 있다.

나는 얼마나 나를 사랑하는지에 관한 질문은 다음과 같다.

- 나는 자신의 기대를 채우고 있는가?
- 나의 대처방식이 달라지기를 바라는가?
- 나 자신의 능력과 힘을 키우고 싶은가?
- 나 자신을 사랑하는가?

- 나 자신은 사랑받을 만한 사람인가?
- 나 자신을 신뢰하는가?
- 나는 중요한 사람인가?
- 나 자신에게 감사함을 느끼는가?
- 나는 자존감이 높은 사람이고 싶은가?
- 나는 변화된 자신의 모습을 상상해 보는가?

긍정의 에너지가 많을 때 자존감이 높아진다. 분노는 에너지이기 때문에 분노를 억압하는 것은 자신의 존재를 억압하고 거부하는 것이 된다. 즉 에너지를 차단하는 것이라고 볼 수 있다. 자신의 에너지를 차단시키는 일은 자신을 사랑하는 방법이 아니다. 분노해결 과정에서 자신의 내면에 있는 분노, 상처, 원한, 고통, 적개심 그리고 슬픔 등의 부정적 감정들을 긍정적인 에너지로 변화시키며 마음을 다스리고 자존감을 높임으로써 행복한 미래의 삶을 살게 한다.

진정한 용서만이 미래의 삶을 자유롭게 만든다

용서란 상처받은 사람이 상처를 입힌 사람에게 하는 것으로 내가 할 수 있는 아주 고귀한 선택이고 가해자에게 줄 수 있는 가장 좋은 선물이다. 용서는 피해에서 해방되어 자신의 삶을 회복해서 사는 자유로움의 선언으로서 상처 준 사람을 자신의 삶에서 몰아내고 피해의식에서 벗어나 자신의 삶을 즐기며 고유의 삶을 사는 것이다. 또한 용서는 진정한 자유를 스스로에게 이르게 하는 축복의 통로이자, 생명에너지의 흐름을 원래 상태로 회복하는 것으로 강력한 부정적 감정을 놓아버리는 것이다.

- 마음 다스리기와 분노해결의 진짜 방법은 용서이다.
- 진실한 용서는 자기 용서에서부터 시작된다(자기자비: self-compassion).
- 용서는 진정한 삶의 자유와 평온을 찾는다.
- 인간관계에서 분노를 해결하는 것은 화해이며, 용서는 내 안에 맺힌 것을 풀어 생명의 에너지를 흐르게 하는 것이다.

- 용서는 자기 자신에게 베푸는 가장 큰 친절이다.
- 용서는 자기 회복과 자기 사랑의 마지막 단계이다.

용서에는 거짓된 용서와 진정한 용서, 사랑의 용서가 있다.

진정한 용서는 우리가 가지고 있는 권리, 분노감, 복수심을 포기하는 것이다. 이미 일어난 일을 수용하고, 자신의 집착에서 벗어나 상대에게 관심 갖는 것이다. 나 자신의 삶을 위해 평안, 자유, 안녕을 위해 용서를 선택하는 것이 진정한 용서이다.

하지만 거짓된 용서는 상대방이 준 상처를 묵인하며 침묵 속에서 고통을 느끼면서 견디고 용서했다고 생각하는 것이다. 상대방을 이해는 해주었으나 마음에 상처는 그대로 남아 있고 용서했다고 생각되는 것은 거짓된 용서이다.

용서 중 가장 고귀한 것은 사랑의 용서이다. 상대방이 저지른 행동이 상대방도 잘못됨을 인정하고 다시 반복되면 안 된다는 것을 인정하는 것이다. 진정한 사랑의 용서는 지각 있게 해야 한다. 그러나 지각 있게 주지 않는 용서는 분노감, 적대감, 증오심에서 벗어날 수 있으나 불신이 반복되는 경우는 사랑의 용서는 아닌 것이다.

용서는 용서하는 자신과 용서받는 자 모두에게 유익하다. 용서는 도덕적인 의무가 아닌 자신의 선택이며 용서받을 만한 가치가 있는 사람에게 주는 고귀한 선물이다. 상처를 준 사람에 대한 동정, 자비, 사랑을 베풀기 위해 노력하는 과정으로, 상처를 준 사람의 부정적인 정서와 행동, 생각을 긍정적인 정서, 행동으로 대처하는 것까지를 말한다.

용서 과정의 동기부여는 고통감정이 멈추기 바라거나, 나 자신에게 상처 주는 것은 허락하고 싶지 않으면서 자신의 신체적 심리적 건강을 유지할 수 있다.

용서는 가해자에 대한 동정, 자비, 사랑을 베풀려고 노력하는 과정이며, 가해자에 대한 부정적인 정서, 행동, 인지를 긍정적 정서, 행동, 인지로 대처하는 과정이라고 설명하고 있다.

용서할 수 있기 위해서는 부정적 감정이 우선 해결되어야 한다. 그래야만 마음을 다스리게 되고 마음이 다스려져야 부정적 감정을 해결할 수 있다. 부정적 감정이 해결되면 비로소 용서되고 관계회복이 가능하기 때문이다. 그렇다고 용서를 한다는 것이 반드시 가해자와 관계회복을 해야만 하는 것은 아니다. 용서를 한다는 것은 대상과 관계없이, 내면에서 그 상황이나 대상에 대해 느꼈던 격노, 억울함, 상처, 슬픔, 복수에 대한 욕구의 부정적 에너지를 거둬들이는 과정이다.

용서는 자기 자신을 희생자 또는 피해자로 여기는 동안 경험하였던 부정적 영향으로부터 벗어나 자신의 존재를 새롭게 정의하는 것이다.

용서를 하면 자기 안의 생명에너지가 잘 흐를 수 있고, 부정적 감정을 경험하면서 소모했던 에너지를 좀 더 나은 곳에 사용할 수 있게 되는 것이다.

마음 다스리기에서 분노치유의 단계는 현재의 순간에 상처로 인해 느끼게 되는 평화와 수용, 이해의 경험이라 할 수 있다. 과거의 영향으로부터 자유로워질 수 있으려면 내면의 평화와 조화를 가질 수 있도록 하는 것이 용서이다.

그런데 용서는 상대방을 만나 화해하거나 자신의 마음을 나누며 타협할 수 있지만 상대가 그렇게 할 능력이나 마음이 없다면 나 혼자 해야 한다. 용서는 상대방의 어떤 것으로부터 오는 영향에 더 이상 휘둘리지 않기 위해 그 영향에 대해서 단호하게 거부하고 내가 나 자신의 삶을 살겠다는 결단이기 때문이다.

용서는 내면의 깊은 자존감 수준에서의 변화가 생겨나 마음의 평화를 경험하는 것으로 마음 다스리기와 자기 회복의 마지막 단계이다. 엑셀런트 시니어로서 행복한 미래를 위한 노후 설계 중 가장 중요한 것은 자기 자신의 마음을 잘 다스리는 것이다.

[참고문헌]

- 김영애(2012)사티어의 빙산의사소통.김영애가족치료연구소
- 최규련(2008)가족상담및 치료 .공동체
- 김영애(2015) 통합적사티어모델이론과실제. 김여애가족치료연구소
- 류창현(2009) 분노치료워크북.교육과학사
- 정옥분(발달심리학

11장

나이 들수록 버려야 행복해지는 것들

홍다나

한국시니어플래너지도사협회 교육이사

안양대학교 평생교육원 시니어플래너 지도사과정 강사

액티브 시니어 지도 강사

시니어플래너 지도 강사

교류분석 심리 상담사

노인 심리 상담사

SBS 드라마 '남과 여' 집필

현) 지혜의 숲 논술전문학원 원장

집착을 부르는 소유욕 버리기

결혼하고 시댁과 합가를 했을 때 집안 곳곳에 숨겨진 수많은 물건을 보며 놀랐던 기억이 있다. 시어머니는 20년도 더 된 좀이 슨 옷도 버리지 못하게 하셨다. 무거운 목화솜 이불에 김장용 빨간 고무대야가 셀 수 없이 있었고, 석유를 담는 200리터짜리 드럼통도 10개나 마당을 차지하고 있었다. 돌아가신 시아버지께서 즐겨 읽으셨다는 낡은 책들이 거실 벽면의 책장을 가득 채우고 있어 헌책방을 연상시켰고, 잡동사니 물건들이 다락이며 광을 빼곡히 차지하고 있었다.

나는 사용하지 않는 물건들은 처분하자고 시어머니께 간곡히 말씀드렸지만 소용이 없었다. 아니 오히려 한 번씩 쓸 일이 생긴다며 아낄 줄 모른다고 핀잔을 들었다.

세월이 흘러 시어머니께서 돌아가시고 집을 리모델링했는데 이웃에서 사용하겠다는 것들은 나눠주고도 5톤 트럭을 불러 엄청난 양의 물건을 버렸었다.

도대체 사람이 살아가면서 사용하고 있는 물건들은 몇 가지나 될까?

집안을 둘러보며 대충 가지 수를 세어 봐도 참 많기도 하다. 그런데 놀라운 것은 주로 사용하는 그릇보다 안 쓰고 싸놓은 그릇 수가 더 많다. 옷도 이불도 신발도 모두 마찬가지다. 이것은 비단 나만의 일은 아닐 것이다. 우리는 살아가는 데 필요한 것 보다 싸놓고 눈으로 보고, 남에게 보이기 위한 전시품들을 애지중지하며 살아가고 있는 것은 아닐까?

요즘 미니멀리즘(Minimalism)의 삶을 살아가는 사람들이 늘고 있다. '작은 것이 아름답다'는 생각에서 필요한 물건이나 장식을 최소화하며 살아가는 삶을 지향하고 있다.

미니멀리즘의 삶을 살아가면 무언가를 선택할 때 굉장히 빠르고 효율적으로 하게 된다. 입을 옷을 고르거나 식단을 짤 때도 물건이 많으면 선택하는 시간이 늘어날 수밖에 없다. 물건을 최소화하면서 살아가다 보면 자기 삶의 방식을 알 수 있어 일상생활에서 반복하고 있는 선택 상황에서 시간을 절약한다는 장점도 있다. 자신의 성향을 알게 되면 다음 선택에서는 시행착오를 줄일 수 있기 때문이다.

우리는 물건을 소유하는 것이 아니라 그것을 관리하는데 드는 시간과 돈을 모두 낭비하는 것은 아닌지, 그리고 물건의 소유 목적이 무엇인지 생각해봐야 한다. 물욕이나 허세의 속박으로부터 해방되면 마음도 몸도 가벼워지고, 삶이 스마트해지는 느낌도 받을 것이다. 법정 스님도 자신이 난초를 사랑하면서 그것에 집착을 느끼기 시작했고, 지인에게 그 난초를 선물한 뒤에야 해방감을 맛볼 수 있었다고 말씀하셨다. 소유욕은 평생 도(道)를 위해 정진하던 큰스님조차도 떨쳐내기 어려운 질기고 무서운 욕심이다.

그런데 미니멀 라이프는 절약과는 조금 의미가 다르다. 절약은 어쩔 수 없이 지출을 줄이며 낭비를 줄이는 것이라면 미니멀 라이프는 물건의 본질을 생각하며 불필요한 것을 제거하거나 구매하지 않는 것이다. 모든 것을 소유하지 말라거나 초라하고 궁색하게 삶을 살아가라는 의미가 아니라 집착을 버리라는 의미이다. 집착은 인간의 삶의 모습을 왜곡시키기 때문이다.

소유를 향한 집착은 남들보다 더 많이 갖기 위해 남을 밟고 살아가게 하고, 자신보다 가진 것이 없는 사람들을 비웃으며 인간에 대한 예의를 잊게 만든다. 또 남보다 많이 갖지 못한 사람은 자신의 삶을 한탄하거나 타인의 삶과 비교하며 괜한 열등감에 사로잡혀 자존감을 잃게 만든다. 이 모든 것들이 인간을 병들게 만드는 것이다.

우리는 버리며 살아가야 한다. 집착과 욕심을 버리고 삶에 좀 더 집중해야 한다.

그리고 삶을 넉넉하게 만들려면 비우는 것이 우선 돼야 한다.

하루에 한 번은 하늘을 보며 바람에 따라 모양이 변하는 구름의 유연함에 감탄할 수 있는 마음을 되찾고, 사랑하는 사람들의 얼굴을 찬찬히 들여다보며 그들의 소리에 공감하는 넓은 가슴을 준비해야 한다. 나이가 들수록 물건으로 주변을 채우기보다는 마음을 채우며 살아가야 한다.

남은 삶을 소유하기 위해 몸부림치기보다는 나누고 비우는 것에 집중하는 것이 더 아름답지 않을까?

나이는 훈장이 아니다

젊은 시절 우리는 종종 철없다고 웃어넘기거나 애송이라고 무시할 법한 치기 어린 행동을 할 때가 간혹 있다. 청춘이라는 이름으로 할 수 있었던 반항적인 행동이 그것들이다. 그러다 남자는 군대를 다녀오고 여자는 아이를 낳고 나면 철이 들기 시작하면서 사회 규범에 맞춰 살아간다.

그렇게 소위 기성세대가 된 후에는 매사에 신중을 기하며 행동한다. 하고 싶은 일이 있거나 도전해야 할 일들이 생겨도 가족을 생각하면서 판단을 보류하거나 포기하는 일들이 많아져, 억울하게도 겁쟁이라는 소리를 들으며 살아간다.

그런데 이상하게도 사회에서 노인으로 분류되고, 사람들에게 할아버지, 할머니로 불리기 시작하면서 다시 목소리가 커지고 주위 시선은 의식하지 않는 행동 양식을 보이기 시작한다.

우리 엄마도 그런 경우이다.

억울한 일을 당해도 남에게 싫은 소리 한 번 하지 못하는 바보같이 답답한 엄마였다. 그런 엄마가 싫어서 '나는 커서 엄마처럼은 살지 않겠다'고 다짐을 했을 정도였다. 천생 여자라는 말을 듣고 사셨던 엄마가 언제부터인가 50년을 한동네에 사는 친구들과 가끔 다투기 시작하셨다. 그야말로 누구네 집에 숟가락, 젓가락이 몇 개인지 알 정도의 막역한 사이인데 사소한 오해가 시비로 번져 다툼을 벌이는 것이다. 그러면서 "내가 이 나이에도 참고 살아야 해? 보기 싫은 인간들은 안 보고 살면 그만이야. 살면 얼마나 더 산다고 그런 걸 참고 살아"라고 혼잣말을 하시는 것을 보면서 좀 낯설게 느낀 적이 있다.

인내를 강요당하며 살아야 했던 세월이 쌓여 봇물 터지듯 터져 나오는 울분이라는 것은 짐작하고도 남음이 있다. 하지만 나이가 들었다고 해서 다시는 안 볼 사람처럼 혹은 내일이 오지 않을 것처럼 행동해서는 안 된다.

남은 시간을 알 수 없고 적을수록 주변의 사람들과 함께할 시간도 그만큼 적다는 것을 잊어서는 안 된다.

어른으로 살아가기 힘든 시대가 되었다.

내가 어렸을 때만 해도 동네 어른들을 만나면 같은 분을 하루에 수차례 만나더라도 만날 때마다 인사를 드렸다. 친구들과 장난을 치다가도 어른들의 '이놈!' 소리에 도망을 가거나 고개를 숙여 반성의 태도를 보였었다.

그런데 요즘은 눈살을 찌푸리게 행동하는 젊은이들에게 어른들이 충고하려 들면 오히려 위협적인 행동이나 폭력이 가해진 일들이 심심찮게 들려온다. 심지어 어른들을 '꼰대'라 칭하며 무시하고 폄하하는 세태가 만연해 안타까울 뿐이다.

하지만 어른들도 자신들의 모습을 뒤돌아볼 필요가 있다.

다툼이 있을 때마다 시시비비(是是非非)를 가리기보다는 나이를 들먹이며 상대에게 억지 주장을 하거나 '버릇없는 요즘 것들'이라는 말로 어른답지 못한 행동을 하기 때문이다.

어른 대접을 받기 위해서는 먼저 어른이 돼야 한다. 어른이 된다는 것은 인격적으로 성숙해지는 것인데, 인격적 성숙이란 자기감정을 조절할 줄 알고, 다른 이들과 조화를 이룰 수 있는 언행을 지녀야 어른이다.

단지 나이를 많이 먹었다는 이유로 목소리를 높이고 어른 대접에 소홀하다고 화를 내서는 안 된다는 것이다. 나이란 시간이 흐르면 누구나 먹는 특별할 것 없는 시간의 흔적에 불과하기 때문이다.

살아온 날보다 살날이 많지 않다고 해서 세상에 분풀이하듯 목청 높이며 삿대질을 하지 말아야 한다. 세상으로부터 멀어지는 것이 두려울수록 사람들과 가슴을 가까이하고 작은 목소리로 말하는 것이 필요하다. 작게 말하고 조용히 움직일수록 사람들은 그 사람의 말에 귀 기울이고, 그 사람의 행동을 주의 깊게 본다.

시간은 모든 인간에게 공평하게 주어진다. 물론 각 개인에 따라 주어진 시간의 양은 모두 다르다. 죽음이라는 것은 태어난 순서를 정해 놓고 찾아오는 것이 아니기 때문이다.

여기에서 말하는 시간의 공평함이란 아침, 점심, 저녁, 밤을 지나 다시 아침이 찾아오는 순환을 반복한다는 것과 돈이 많거나 권력을 가진 사람이라도 시간을 절대로 되돌릴 수 없다는 것이다. 그러니 어린아이에게도 노인에게도 공평하게 주어지는 시간이 자랑할 일은 아니다.

우리는 내일을 예측할 수 없지만, 오늘 내가 살아온 모습과 비슷한 내일을 살아간다는 것은 알 수 있다. 그러니 '살면 얼마나 더 산다고…'라는 생각에서 인생을 허비하듯 살아가고 있다면 그 행동을 중지해야 한다. 오늘 내가 허비한 삶은 돌이킬 수 없으며, 내일도 그렇게 살아갈 확률이 높기 때문이다.

봄에 핀 꽃은 만개해 열매(씨앗)를 맺고 떨어지지만, 내년에 피는 꽃이 그 꽃이 아니라고 해서 생명을 다한 것은 아니다. 그와 같은 의미로 우리가 지금 살아가는 모습이 자식들의 삶에 그 자취를 남기기에 오늘을 소중히 살아가야 한다.

세상과 통(通)하고 싶다면 잔소리와 고집은 버려라

잔소리는 모르는 타인에게는 하지 않는다. 주로 잔소리를 하는 대상은 가족처럼 가깝거나 자주 만나는 사이에서 이루어진다.

대부분의 사람이 경험했겠지만 어린 시절 아침을 깨우는 소리는 엄마의 '잔소리'였을 것이다. 그리고 자식들은 잔소리는 엄마가 하는 역할 중 하나라고 생각하고 받아들인다.

잔소리는 상대가 실수하지 않았으면 하는 바람에서 반복적으로 지적하기 마련인데 꽃노래도 여러 번 듣게 되면 싫증이 나는 법이다. 하물며 자신이 잘하지 못하거나 실수한 부분을 지적하는 내용을 반복적으로 듣게 되면 좋은 영향을 받기보다는 오히려 역효과를 가져올 수 있다.

우리나라 자살률은 세계 최고 수준(OECD 국가 중 1위)이며, 특히 왕성한 활동 시기인 10대와 20대 사망원인의 1위가 자살일 만큼 청소년 자살문제는 심각한 수준이다. 그런데 자살 충동을 느끼는 원인이 부모님과의 갈등, 잔소리와 꾸중이 21.7%로 학업성적이 떨어졌을 때인 12.2%보다 2배 이상 높았다. 이는 질풍노도(疾風怒濤)의 사춘기 방황을 이해하고 하나의 과정이라는 점에서 기다려주기보다는 엇나가는 행동이 안타까워 질타와 실망감, 때론 분노를 표출하면서 그들을 죽음으로 몰아세운 것이라 할 수 있다.

또 성인들인 경우 명절 때 고향에 가고 싶지 않은 이유 1위도 부모와 친지들의 잔소리 때문이라고 한다. 취업에 관한 이야기는 물론 공개하기 꺼리는 연애와 결혼에 대해서도 만날 때마다 질문하는 것에 짜증스럽다는 반응이다.

잔소리는 상대를 믿을 수 없고, 하고 있는 행동들이 마음에 들지 않는다는 메시지를 보내는 것이다. 그래서 잔소리를 하는 대신 믿어주고 지지해주는 것이 오히려 도움이 된다. 내가 낳은 자식이라고 해서 그들이 말하기 불편해하는 사생활까지 참견하고 충고하려 든다면 오히려 자식을 부모에게서 멀어지게 만들 것이다.

많은 부모가 자녀를 칭찬으로 키워야 한다는 것은 알고 있지만, 자신의 아이에게는 칭찬에 인색하다. 그도 그럴 것이 부모는 자식이 자기보다 나은 삶을 살기를 원하는데 자식을 보면 항상 단점만 신경에 쓰이는 것이다. 자식이 잘하는 것은 당연한 일이고 단점은 고쳐줘야 한다는 강박관념 때문에 잔소리하게 되는 것이다.

칭찬과 잔소리 모두 자녀를 위한 부모의 사랑 표현이지만 칭찬이

의식적으로 하는 것이라면 잔소리는 무의식적으로 튀어나오는 특징이 있다. 그래서 칭찬을 할 때와는 달리 잔소리는 상대방의 기를 죽이거나 자존감을 낮추는 부작용을 가져올 수 있다.

대화는 언어적인 것보다 비언어적인 표정, 말투, 몸짓 등이 더 영향을 주는데 잔소리를 할 때는 신경질적인 말투와 화를 내거나 근엄한 표정을 짓기 마련이어서 상대에게 위압감을 줘 원활한 대화를 방해하는 요인으로 작용한다.

자녀들은 부모가 하는 말이 옳다는 것을 알고 있다. 그래도 그 말을 잔소리라고 치부하는 것은 부모가 옳다고 생각하는 것을 강요하고 행동에 변화가 없을 때 화를 내기 때문이다. 진정으로 충고하고 싶다면 자신의 진심을 전한 후 최종 선택은 상대의 몫으로 남겨두고 기다려야 한다. 그리고 다른 의견을 말할 때 말대꾸라고 생각하지 말고 이해하고, 공감하며 인정하는 태도를 보여야 한다.

때로는 부모가 보이는 행동이 백번 말하는 것보다 낫다. 부모의 이런 행동들은 자녀에게 공감을 형성하게 만든다. 자신과 감정이 같다고 느낄 수 있어야 행동의 변화를 이끌 수 있다.

잔소리가 그저 하지 않아도 되는 소리로 끝나지 않도록 하는 것이 무엇보다 중요한 것이다. 그리고 잔소리 역시 나쁜 습관이라는 것을 간과해서는 안 된다. 대화가 아닌 잔소리는 나이가 들수록 줄여야 한다.

나이가 들면서 버리지 못하는 것 중 또 다른 하나는 고집이다.

고집은 강직함이나 신념과는 다르다.

신념은 자신이 믿는 것을 삶의 자세로 이끌어나가면서 자신만의 가치관을 만들어 나가는 것이다. 그리고 자신이 믿는 것을 타인에게 말하지만, 그것을 받아들이지 않는다고 해서 그들을 외면하지 않는다. 또한, 신념은 여러 사람의 삶을 이롭게 만들고 좋은 영향을 끼친다.

반면 자신이 선택한 것이 최고라고 믿고, 지금까지 자신이 해온 행동을 지키려 모든 행동을 정당화하는 것이 고집이다. 또 다른 사람들도 자신과 같은 입장을 취하게 강요하고 그렇지 않으면 화를 낸다는 면에서 고집은 신념과 다르다.

고집은 사람을 외골수로 만들어 자신과 의견을 함께하지 않는 사람들을 무시하거나 받아들이려 하지 않는다. 고집이 센 사람은 자신만이 모든 문제의 해답을 가지고 있다고 믿으며 타인의 조언이나 충고는 받아들이지 못하고 자신만의 세계에 빠져 세상과 벽을 쌓고 산다. 그래서 쇠심줄같이 고집이 센 사람과의 대화는 상대에게 소귀에 경을 읽는 느낌을 들게 하여 그들과의 접촉을 꺼리게 만든다.

고집을 버리기 위해서 자기 생각을 주장하기 전에 다른 사람의 말을 들어보고 어느 쪽이 옳은지를 비교하는 습관과 태도를 지녀야 한다. 그것은 자신의 마음을 열 준비가 되어 있다는 것을 의미하는 것이고, 자신의 삶이 흔들릴지도 모른다는 두려움과 절망에서 벗어날 수 있다는 신호이다.

자신의 삶에 만족하고 행복을 느끼는 사람들은 고집을 부리지 않는다. 굽힐 땐 굽힐 줄 알고(물론 비굴하게 살라는 말과는 다르다) 융통성과 유연한 생각을 한다.

세상은 분초(分秒)를 다투면 변하고 있는데 자신만의 세계에 갇혀 다른 사람의 말에 눈감고, 귀 막으며 살아간다면 '100세 시대'를 살아가는 당신에게는 치명타가 될 것이다.

'건강염려증'에서 탈피하라

누구나 공감하겠지만 나이가 들수록 꼭 챙겨야 할 것은 자신의 건강이다.

아무리 재산이 많고 사회적 명성이 높다 해도 건강을 잃으면 모든 것이 헛될 만큼 건강은 무엇보다 중요하다. 그래서 자신이나 가족의 건강을 신경 쓰고 염려하는 것은 자연스러운 일이라 할 수 있다.

나도 음식을 먹으면 자주 체해 늘 소화제를 달고 사는 딸아이가 걱정돼 잠을 설친 적이 많았다. 딸아이는 직업 특성상 밤 근무를 1년 이상 지속하고 있어서 밥보다는 잠자기를 원했고 자연히 식사 시간이 일정하지 않았다. 불안한 마음에 아이를 설득해 내시경 전문 병원을 찾아 검사를 받았다. 다행히 아이의 위는 불규칙한 식생활로 위가 쪼그라들어 있는 상태일 뿐 '위장(胃腸) 미인'이라고 할 만큼 아주 깨끗하다는 진단을 받고서야 단잠을 잤던 기억이 난다.

최근 한국보건사회연구원의 '한국인의 건강상태와 의료기관 이용'

보고서에 따르면 OECD 건강 통계를 토대로 분석한 결과, 만 15세 이상 한국 사람의 35.1%만 자신의 건강상태가 좋다고 생각하고 나머지 65%는 자신의 건강상태를 실제보다 과도하게 부정적으로 여기는 건강염려증이 많다고 조사되었다. 이는 건강에 대해 염려하는 것이 특정한 몇몇 사람의 이야기가 아니라는 것을 말한다.

건강염려증이 있는 사람들은 복통이나 두통 등 일반적으로 발생할 수 있는 가벼운 질환을 가지고도 자신이 암이나 희소병에 걸린 것은 아닐까 걱정한다. 그래서 별다른 이상이 없다는 의사의 진단을 오진이라고 생각하여 병원을 돌며 일명 '닥터 쇼핑'을 한다. 각종 검사를 반복하는 '닥터 쇼핑'은 국가재정을 악화시키고 있어 심각한 사회 문제가 되고 있다.

우리는 나이가 들수록 육체가 쇠약해진다는 것을 인정하고 받아들여야 한다.

무병장수(無病長壽)라는 인간의 오랜 소망이 의료 기술의 발전을 가져와 '100세 시대'를 살아가는 최초의 인류를 탄생시켰지만 노화나 질병은 인간이 피해갈 수 없는 자연현상이다.

자신의 건강이 걱정된다면 지나치게 의료기관이나 건강보조식품에 의존하기보다는 항상 웃음을 잃지 않는 것이 건강에는 더 낫다. 웃음은 몸의 근육을 움직여 심장과 폐를 건강하게 만들고, 스트레

스 호르몬인 코르티솔(cortisol)을 줄여주고 엔돌핀(endorphin)을 만들어 통증을 완화하는 역할을 하기 때문이다.

건강하다는 것은 신체적으로 질병이 없는 것뿐 아니라 정신적으로 평안한 상태여야 한다. 마음이 편안하지 못하면 몸의 건강도 잃기에 십상이다. 그야말로 '웃음이 보약'인 것이다.

죽음은 당하는 것이 아니라 맞이하는 것이다

죽음이라는 것은 인류 역사를 통틀어 인생에서 가장 중대 문제이고, 누구나 한번은 겪어야 하는 피할 수 없는 통과의례이다.

죽음이란 공포이며 두려운 것이다.

죽음을 맞이할 때 겪을 고통과 자신의 인생이 불완전한 상태로 소멸할 것에 대한 염려 등 죽음을 피하고 싶은 이유는 많다. 그러나 이러한 공포는 자신의 유한함을 자각하고 좀 더 적극적인 삶을 살아가게 만드는 순기능을 가지고 있다. 오늘이 내 인생의 마지막 날이 될 수도 있다고 생각하고 살아간다면 시간을 낭비하지 않기 때문이다.

이 세상에 존재하는 죽음의 형태는 다양하다. 천수를 누리다 죽는 자연사가 있는가 하면, 뜻하지 않은 사고나 질병으로 혹은 타인이나 자신 스스로 죽음을 맞이하는 비참한 죽음도 있다. 이렇게 죽음의 형태가 다양하더라도 우리 중 누구도 죽음을 피할 수는 없다. '저승길이 대문 밖'인 것이다.

그만큼 죽음은 가까이에 있지만 '개똥밭에 굴러도 이승이 좋다', '저승 백년보다 이승 일년이 낫다'는 속담이 있을 만큼 우리나라 사람들은 삶에 강렬한 애착을 지닌다. 그래서 그런지 우리나라 사람들은 노년을 준비하는 대신 영원한 젊은이가 되기 위해 안티 에이징(anti-aging)에 더 공을 들인다.

이런 삶에 대한 강렬한 애착이 죽음을 터부(taboo)시하거나 거부하게 만들고 있다. 그러나 우리는 젊어지려 노력하기보다 살아온 날을 아름답게 정리하고, 남은 삶을 평안하게 마무리할 수 있는 잘 죽는 방법(Well-Dying)에 대해 고민해야 한다.

나이가 젊거나 병에 걸리지 않았더라도 죽음을 미리 준비하는 시간을 가질 필요가 있다. 그렇게 하면 갑작스러운 죽음이 찾아오더라도 사랑하는 사람들과의 영원한 헤어짐이 슬픔과 회한(悔恨)으로 남기보다는 소중한 추억으로 기억될 수 있을 것이다.

나는 친정아버지께서 폐에서부터 뇌까지 전신에 암이 퍼져있다는 진단을 받고도 아버지와의 이별을 준비하지 못했다. 아버지는 시한부를 선고받았지만 기적처럼 내 곁에 오래도록 계실 거라 믿었다. 그래서 암 진단 후 한 달 만에 찾아온 아버지와의 영원한 이별은 극심한 고통이었고 정신과 치료를 받아야 했다.

공기가 눈에 보이지는 않지만 항상 우리 곁에 존재하는 것처럼, 죽음 또한 삶 속에 있다는 것을 알지 못한 결과였다. 그래서 나는 누구나 맞이해야 할 죽음이라면 잘 죽는 연습이 필요하다고 생각한다.

우리는 미래를 바꾸거나 조절할 수는 없지만, 날씨에 따라 일정을 계획할 수는 있다. 죽음 역시 우리의 힘으로 늦추거나 당길 수 없지만 어떤 삶을 살아가다 죽음을 맞이할지는 결정할 수 있다. 그리고 장례식을 어떻게 치를 것인지도 결정할 수 있다.

장례식은 고인의 입장에서는 더 이상 고통받지 않고 축복받은 곳으로 떠나는 행복한 여정이지만 유족에게는 커다란 슬픔이다. 그래서 대부분의 장례식은 무거운 분위기와 울음이 잠식하는 장소가 된다.

나는 이런 장례식이 싫다.

내가 죽는 것 보다 사랑하는 사람들이 슬픔에 몸을 가누지 못하는 모습을 상상하는 것이 더 두렵기 때문이다. 그래서 축제와 같은 장례를 치르길 원한다. 이것은 나뿐만 아니라 많은 사람이 공감하고 있다.

이런 사람들의 요구는 고인을 추모하는 영상이나 추억이 담긴 노래를 틀어 놓고 축제 같은 분위기에서 살아생전의 모습을 추억하는 '자유장'과 살아있는 동안에 지인을 초대해 감사의 마음을 전하며 죽기 전에 이별하는 '생전장' 등 다양한 방식의 장례 문화를 만들고 있다. 살아있는 사람들이 죽은 자를 아픔으로 기억하지 않도록 우리는 의식이 맑을 때 마지막 날들에 대해 준비를 해야 하는 것이다.

죽음이란 단독 공연이며 일회 공연이다. 충분한 리허설을 통해서만이 죽음이라는 무대에 올랐을 때 평화롭고 고통 없는 축제가 될 수 있다.

죽음이 우리 목전에 도달할지언정 우리는 유머와 웃음을 잃지 말고 살아야 한다. 인간만이 지닌 귀중한 능력인 유머 감각(homo-ludens: 유희하는 인간)은 축복이기 때문이다.

그래서 '유효기간 끝났음', '손님이 왔는데도 일어나지 않음을 양해 바랍니다', '에이, 괜히 왔다 간다'와 같은 묘비명을 남겨, 보는 사람이 미소를 머금게 만들 수 있는 것도 인간만이 할 수 있는 일이다.

죽음이란 인간에게 강제로 주어지는 일이다. 그래서 우리는 죽음을 '당한다'고 생각한다. 하지만 죽음은 진정한 '쉼'을 안겨주는 통과의례이며 삶의 또 다른 모습이다.

어느 날 불쑥 죽음이 찾아오더라도 불청객이 아닌 반가운 손님처럼 맞이할 준비를 하는 것이 어떨까?

잘 죽는 연습! 잘 산 사람만이 누릴 수 있는 특권이다.

나를 찾는 여행! 액티브 시니어

펴낸날 2017년 12월 8일

지은이 김대정, 조석제, 김선주, 고희경, 권혁복, 송지영, 윤희숙, 이영숙, 이임경, 임명희, 홍다나
펴낸이 주계수 | **편집책임** 윤정현 | **꾸민이** 전은정

펴낸곳 밥북 | **출판등록** 제 2014-000085 호
주소 서울시 마포구 월드컵북로 1길 30 동보빌딩 301호
전화 02-6925-0370 | **팩스** 02-6925-0380
홈페이지 www.bobbook.co.kr | **이메일** bobbook@hanmail.net

ISBN 979-11-5858-353-8 (03190)

※ 이 도서의 국립중앙도서관 출판시도서목록(CIP)은 e-CIP 홈페이지(http://www.nl.go.kr/cip)에서 이용하실 수 있습니다. (CIP 2017031939)